2023

Hauptschule

Original-Prüfungsaufgaben

Hessen

Mathematik · Deutsch · Englisch

LÖSUNGEN

STARK

19. ergänzte Auflage
www.stark-verlag.de

Inhalt

Lösungen Mathematik
Abschlussprüfung 2018 .... M 2018-1
Abschlussprüfung 2019 .... M 2019-1
Abschlussprüfung 2020 .... M 2020-1
Abschlussprüfung 2021 .... M 2021-1

Abschlussprüfung 2022 .... www.stark-verlag.de/mystark

Um dir die **Lösungen zur Prüfung 2022** schnellstmöglich zur Verfügung stellen zu können, bringen wir sie in digitaler Form heraus. Sobald die Original-Prüfungsaufgaben 2022 zur Veröffentlichung freigegeben sind, können die dazugehörigen Lösungen als PDF auf der Plattform *MyStark* heruntergeladen werden (Zugangscode vgl. Umschlaginnenseite).

Lösungen Deutsch
Abschlussprüfung 2018 .... D 2018-1
Abschlussprüfung 2019 .... D 2019-1
Abschlussprüfung 2020 .... D 2020-1
Abschlussprüfung 2021 .... D 2021-1

Abschlussprüfung 2022 .... www.stark-verlag.de/mystark

Lösungen Englisch
Abschlussprüfung 2018 .... E 2018-1
Abschlussprüfung 2019 .... E 2019-1
Abschlussprüfung 2020 .... E 2020-1
Abschlussprüfung 2021 .... E 2021-1

Abschlussprüfung 2022 .... www.stark-verlag.de/mystark

Vorwort

Liebe Schülerin, lieber Schüler,

dieses Buch ist das Lösungsbuch zu dem Band *Original-Prüfungsaufgaben Mathematik, Deutsch, Englisch* (Titel-Nummer C063S0). Es enthält ausführliche, von unseren Autorinnen und Autoren erstellte Lösungen zu den Original-Prüfungsaufgaben des Hauptschulabschlusses.

Die Lösungen ermöglichen es dir, deine Leistung einzuschätzen. Bei den Aufsätzen handelt es sich um **Lösungsvorschläge**. Das heißt, dass auch andere Lösungen als die hier abgedruckten richtig sein können. Wichtig ist aber, dass du die Arbeitsaufträge **vollständig** und **richtig** bearbeitest. Die hier abgedruckten Vorschläge sollen dir als Orientierungshilfe bei der selbstständigen Bearbeitung der Aufgaben dienen.

Du findest bei allen Lösungsvorschlägen zusätzlich wertvolle Hinweise und Tipps. Sie verraten dir schrittweise, wie du am besten vorgehst und worauf du beim Lösen der jeweiligen Aufgabe besonders achten musst. Mithilfe dieser Tipps kannst du zunächst eine eigene Lösung formulieren, die du anschließend mit der angebotenen Lösung vergleichst.

Viel Erfolg bei den Prüfungen!

Autor*innen der Lösungen:
Mathematik: Marcus Noll
Deutsch: Karin Marré-Harrak
Englisch: Katharina Menzel

Abschlussprüfung an Hauptschulen in Hessen 2018
Mathematik

1. Teil (ohne Taschenrechner)

1. Teil – Aufgabe 1

a) $48,6 + 13 = \underline{\underline{61,6}}$

Erklärung der Lösung:
Schreibe stellengerecht untereinander. Achte darauf, dass 13 auch als 13,0 geschrieben werden kann.

$$\begin{array}{r} 48,6 \\ +13,0 \\ {\scriptstyle 1} \\ \hline 61,6 \end{array}$$

b) $0,8 \cdot 60 = \underline{\underline{48}}$

Erklärung der Lösung:
Multipliziere zunächst, ohne das Komma zu beachten. Das Ergebnis hat so viele Stellen nach dem Komma, wie die beiden Faktoren zusammen nach dem Komma haben: $8 \cdot 60 = 480$

c) $500 - 238,5 = \underline{\underline{261,5}}$

Erklärung der Lösung:
Schreibe stellengerecht untereinander.

$$\begin{array}{r} 500,0 \\ -238,5 \\ {\scriptstyle 11\,1} \\ \hline 261,5 \end{array}$$

d) $4 \cdot \underline{\underline{4,2}} = 16,8$

Erklärung der Lösung:
Überlege, welche Zahl du mit 4 multiplizieren musst, um 16,8 zu erhalten.
Du kannst dazu auch die Umkehraufgabe bilden.
$16,8 : 4 = ?$

1. Teil – Aufgabe 2

Der Kuchen muss noch $\underline{\underline{15}}$ Minuten im Ofen bleiben.

Erklärung der Lösung:
Berechne zunächst, wie lange der Kuchen bereits im Ofen war. Überlege dazu erst, wie viele Minuten es von 14:25 Uhr noch bis zur nächsten vollen Stunde sind.
14:25 Uhr bis 15:00 Uhr: 35 Minuten
15:00 Uhr bis 15:05 Uhr: 5 Minuten
$35 \text{ min} + 5 \text{ min} = 40 \text{ min}$
Subtrahiere diese Zeit von der gesamten Backzeit: $55 \text{ min} - 40 \text{ min} = 15 \text{ min}$

1. Teil – Aufgabe 3

Christians Mehl reicht für $\underline{\underline{8}}$ Waffeln.

Erklärung der Lösung:
Bei der Aufgabe handelt es sich um eine proportionale Zuordnung. Diese lässt sich mit der Dreisatzrechnung lösen.

	Gewicht	Anzahl Waffeln	
	600 g	12	
: 6			: 6
	100 g	2	
· 4			· 4
	400 g	8	

1. Teil – Aufgabe 4

a) Es sind $\underline{\underline{\frac{4}{9}}}$ aller Spielfiguren umgefallen.

Erklärung der Lösung:
Gesamtanzahl der Figuren: 9
Anzahl der umgefallenen Figuren: 4
Setze die beiden Zahlen ins Verhältnis.

b) Anzahl der Spielfiguren, die noch umfallen müssen: $\underline{\underline{2}}$

Erklärung der Lösung:
Erweitere den Bruch $\frac{2}{3}$ auf Neuntel. Am Zähler kannst du dann ablesen, wie viele Figuren insgesamt umfallen müssen: $\frac{2}{3} = \frac{6}{9}$
Da bereits 4 Figuren umgefallen sind, müssen noch 2 weitere Figuren umfallen.

1. Teil – Aufgabe 5

a) Die Wahrscheinlichkeit beträgt $\underline{\underline{\frac{2}{10} = \frac{1}{5}}}$.

Erklärung der Lösung:
Die Wahrscheinlichkeit berechnet sich, indem man die Anzahl der günstigen Ergebnisse (also Anzahl der 1) durch die Gesamtanzahl der Felder dividiert.
Gesamtanzahl der Felder: 10
Anzahl der günstigen Ergebnisse: 2

b) Die Wahrscheinlichkeit beträgt $\underline{\underline{\frac{3}{10}}}$.

Erklärung der Lösung:
Gesamtanzahl der Felder: 10
Anzahl der günstigen Ergebnisse (graue 2): 3

c) Es müssten $\underline{\underline{8}}$ Felder grau sein.

Erklärung der Lösung:
$\frac{4}{5}$ bedeutet, dass 4 von 5 Feldern grau sind. Überlege, wie viele Felder grau sein müssen, wenn es 10 Felder gibt.

1. Teil – Aufgabe 6

a) Anton fährt insgesamt $\underline{\underline{65}}$ km.

Erklärung der Lösung:
Die zurückgelegte Entfernung kannst du am „Ende“ des Graphen an der y-Achse ablesen.

b) Anton macht $\underline{\underline{10}}$ Minuten Pause.

Erklärung der Lösung:
Eine Pause wird im Weg-Zeit-Diagramm durch eine waagerechte Linie dargestellt. Anton macht von der 30. bis zur 40. Minute Pause.

c) Die Steigung des Graphen im zweiten Abschnitt (nach der Pause) ist größer als die Steigung im ersten Abschnitt (vor der Pause).

Erklärung der Lösung:
Im Diagramm ist dargestellt, nach wie vielen Minuten (x-Achse) er wie viele Kilometer (y-Achse) zurücklegt. Je steiler der Graph ist, desto schneller fährt Anton.

1. Teil – Aufgabe 7

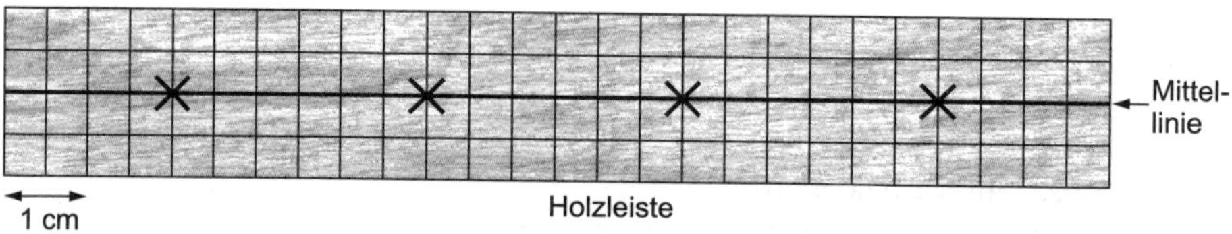

Erklärung der Lösung:
Das erste Bohrloch und das letzte Bohrloch liegen 2 cm (also 4 Kästchen) vom Rand entfernt. Zwischen beiden Bohrlöchern liegen dann noch 9 cm (also 18 Kästchen). Dividiere diese Angabe durch 3, um drei gleich große Abstände zu erhalten.

1. Teil – Aufgabe 8

a) Die Größe des Winkels β beträgt $\underline{\underline{31^\circ}}$.

Erklärung der Lösung:
Lege die Mitte des Geodreiecks an den Punkt B, sodass die Zeichenkante an der Strecke BC liegt. Lies nun die Größe des Winkels β ab. Achte auf die richtige Skala!

b) Der Flächeninhalt des Dreiecks ABC beträgt $\underline{\underline{7{,}5}}\ \text{cm}^2$.

Erklärung der Lösung:

$$A_{\text{Dreieck}} = \frac{g \cdot h}{2}$$

In diesem rechtwinkligen Dreieck gilt:

$$A_{\text{Dreieck}} = \frac{\overline{AB} \cdot \overline{AC}}{2}$$

$$A_{\text{Dreieck}} = \frac{5 \cdot 3}{2} = 7{,}5$$

c)

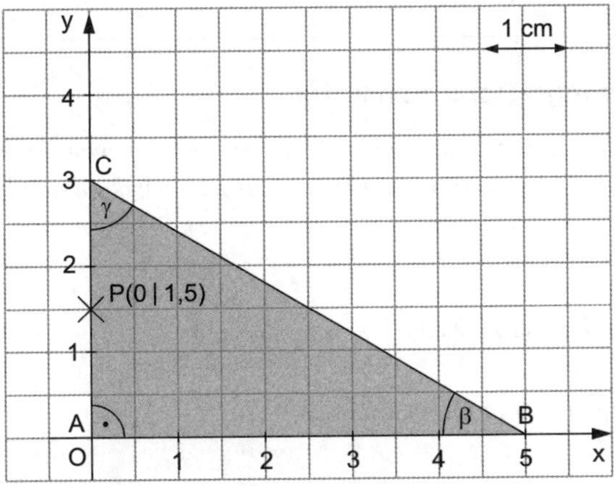

Erklärung der Lösung:
Ein Dreieck mit gleicher Grundseite und halber Höhe hat nur den halben Flächeninhalt wie das ursprüngliche Dreieck.
Es muss der Punkt P(0 | 1,5) markiert werden.

1. Teil – Aufgabe 9

Es werden $\underline{\underline{12}}$ kleine Quader benötigt.

Erklärung der Lösung:
Man benötigt 6 kleine Quader, um die vordere Fläche zu füllen. Insgesamt passen 2 kleine Quader hintereinander in den großen Quader.
$6 \cdot 2 = 12$

Lösungs-Tipps zum 2. Teil

Die folgenden Tipps verraten dir schrittweise einen möglichen Lösungsweg. Lies also den zweiten Tipp erst, wenn du mit dem vorherigen nicht weitergekommen bist.

Tipps zu Aufgabe 10

a)

- Du kannst die Aufgabe mit dem Dreisatz lösen.

b)

- Du kannst die Aufgabe ebenfalls mit dem Dreisatz lösen.

Tipps zu Aufgabe 11

a)

- Zeichne zuerst die Seite a = 5 cm mit den Punkten B und C.
- Trage den Winkel γ an a in C an. Achte dabei auf die richtige Skala am Geodreieck!
- Miss b = 6,5 cm auf dem freien Schenkel des Winkels ab. Du erhältst Punkt A.
- Verbinde die Punkte A und B, um das Dreieck zu vervollständigen.

b)

- Zeichne zunächst die 3 Windräder als Punkte auf.
- Verbinde die Punkte W_1, W_2 und W_3 zu einem Dreieck und notiere die entsprechenden Entfernungen an den Seiten.
- Die Zeichnung muss nicht maßstabsgerecht sein.

Tipps zu Aufgabe 12

a)

- Der ursprüngliche Preis entspricht 100 %.
- Berechne mit dem Dreisatz oder mit der Lösungsformel, wie hoch die Mehrwertsteuer ist.
- Addiere die Mehrwertsteuer zum angegebenen Preis.

b)

- Schreibe den Bruch $\frac{1}{5}$ als Prozentzahl.
- Um einen Bruch in eine Prozentzahl umzuwandeln, musst du ihn auf Hundertstel erweitern.

Tipps zu Aufgabe 13

- Rechne mit der Formel für das Volumen eines Zylinders.
- Der Radius ist die Hälfte des Durchmessers.
- 1 Liter = 1 dm^3 = 1 000 cm^3
- Achte darauf, dass du beim Endergebnis auf ganze Liter runden sollst.

Tipps zu Aufgabe 14

a)

- Fasse auf der rechten Seite der Gleichung so weit wie möglich zusammen.
- Sortiere die Gleichung, sodass alle Teile mit der Variablen auf der linken und alle Teile ohne Variable auf der rechten Seite stehen.
- Isoliere anschließend die Variable x, indem du durch den Faktor vor dem x dividierst.

b)

- Eine Gleichung besteht aus zwei Termen, einer links und einer rechts vom Gleichheitszeichen.
- Den linken Term erhältst du mithilfe des ersten Satzteils (bis zum Komma), den rechten mithilfe des zweiten Satzteils.
- Bezeichne die unbekannte Zahl mit x.

Tipps zu Aufgabe 15

a)

- Addiere alle Beträge und dividiere diese Summe durch die Anzahl der Klassen.

b)

- Vergleiche die Gesamtgewinne der beiden Jahrgangsstufen.
- Ein Kreisdiagramm hat insgesamt 360°.

c)

- Berechne zunächst mithilfe des Durchschnitts, wie viel beide Klassen zusammen erzielt haben.
- Ziehe vom Gesamtgewinn den Betrag der Klasse 7a ab.

Tipps zu Aufgabe 16

- Der Radius ist die Hälfte des Durchmessers.
- Die Länge der Seite a (Hypotenuse) lässt sich mit dem Satz des Pythagoras berechnen.

Tipps zu Aufgabe 17

a)

- Schätze zunächst die Kantenlänge des Würfels. Nutze als Hilfe die Längenmarkierung im Bild.
- Berechne mit dem entsprechenden Schätzwert das Volumen des Würfels.

b)

- Betrachte die Rundungen des Ballons. Welche passenden Körper fallen dir dabei ein?

Tipps zu Aufgabe W1

a)

- Markiere und beschrifte zuerst die gegebenen Punkte auf deinem Reinschriftpapier.
- Du kannst die Abstände dazwischen messen oder anhand der Kästchen abzählen.
- Verbinde die Punkte und zeichne anschließend die Gerade ein.

b)

- Lege das Geodreieck so an, dass die Null auf dem Punkt B liegt.
- Die Zeichenkante des Geodreiecks muss dann an der Strecke BC liegen.
- Achte auf die richtige Skala am Geodreieck.

c)

- Der Flächeninhalt eines Trapezes berechnet sich mit $A = \frac{a + c}{2} \cdot h$, wobei a und c die beiden parallelen Seiten sind.
- Entnimm die Maße der Zeichnung.
- Es gilt: $a = 4$ cm, $c = 2$ cm, $h = 2$ cm.

d)

1. Lege das Geodreieck so an, dass die 90°-Linie auf der Geraden g liegt.
   Miss die Abstände der Punkte C und D zur Geraden g und zeichne C' und D' im gleichen Abstand auf die andere Seite der Geraden.
2. Überlege, wie groß die Winkelsumme in einem Viereck ist.
   Aus wie vielen Vierecken besteht das Vieleck AD'C'BCD?

Tipps zu Aufgabe W2

a)

- Überlege dir, wie viel Einwohnern ein Teilstrich entspricht.

b)

- Berechne zunächst, um wie viel Einwohner die Stadt Frankfurt gewachsen ist.
- Du kannst die Aufgabe mit dem Dreisatz oder mit der Lösungsformel lösen.
- Als Grundwert musst du die Bevölkerungszahl von 2013 verwenden.

c)

- Du kannst diese Aufgabe mit dem Dreisatz lösen.
- Alternativ kannst du sie auch mit der Lösungsformel lösen.

d)

- Berechne, wie groß die Säule für 2016 sein müsste.
- 1 cm = 10 mm
- Ein DIN-A4-Blatt ist ca. 21 cm breit und 30 cm hoch.

Tipps zu Aufgabe W3

a)

1. Dividiere die Anzahl der Tüten mit Badekugel durch die Anzahl aller Tüten (Gesamtanzahl).
2. Überlege, wie viele Tüten es gibt, in denen keine Lavendelseife ist.
3. Gib die 40 % als Bruch an.
   Bringe den Bruch auf den Nenner 15.

b)

- Bestimme zunächst die Wahrscheinlichkeit dafür, dass im ersten Zug eine Duftkerze gezogen wird.
- Bestimme nun die Wahrscheinlichkeit dafür, dass auch im zweiten Zug eine Duftkerze gezogen wird.
- Beachte, dass bereits eine Tüte mit Duftkerze fehlt!
- Multipliziere die beiden Wahrscheinlichkeiten (1. Pfadregel).

c)

- Überlege, wie oft ein Gast „keine Duftkerze“ ziehen kann. Ab wann kann er nur noch „Duftkerze“ ziehen?

Tipps zu Aufgabe W4

a)

- Berechne zunächst, wie viel Quadratmeter Wohnfläche auf die anderen 4 Räume entfallen.
- Subtrahiere diese Summe von der Gesamtwohnfläche.

b)

- Der Flächeninhalt eines Rechtecks berechnet sich, indem man die Länge und die Breite multipliziert.
- Dividiere die Wohnfläche durch die Breite des Zimmers.

c)

- Berechne, wie hoch die Nebenkosten pro Monat sind, indem du den Quadratmeterpreis mit der Wohnfläche multiplizierst.
- Tim zahlt in 12 Monaten 540 € für die Garage. Wie viel zahlt er in einem Monat?
- Addiere Kaltmiete, Nebenkosten und den Monatspreis der Garage.

d)

- Diese Aufgabe lässt sich mit dem Dreisatz lösen.
- Alternativ kannst du auch die Lösungsformel verwenden.
- Der Grundwert ist gesucht.

Lösungen zum 2. Teil

2. Teil – Aufgabe 10

a)

	Wohnfläche	Mietpreis	
: 6	60 m^2	450 €	: 6
	10 m^2	75 €	
· 8	80 m^2	<u>600 €</u>	· 8

Frau Grimm muss für ihre Wohnung 600 € Miete zahlen.

b)

	Mietpreis	Wohnfläche	
: 450	450 €	60 m^2	: 450
	1 €	0,133… m^2	
· 825	825 €	<u>110 m^2</u>	· 825

Die Wohnung der Familie Rüdiger ist 110 m^2 groß.

2. Teil – Aufgabe 11

a)

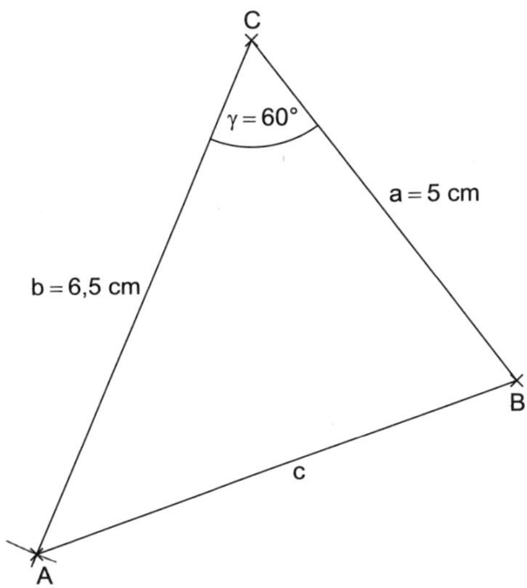

b)

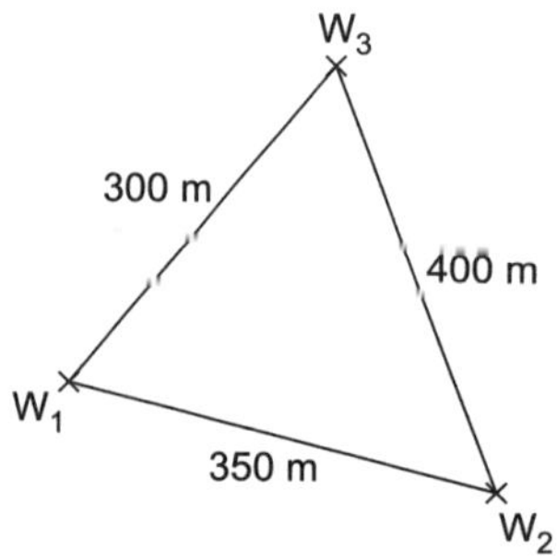

2. Teil – Aufgabe 12

a)

	Prozent	Preis	
: 100	100 %	1 450,00 €	: 100
	1 %	14,50 €	
· 19	19 %	275,50 €	· 19

$1\,450{,}00\text{ €} + 275{,}50\text{ €} = \underline{\underline{1\,725{,}50\text{ €}}}$

oder (mit erweitertem Grundwert):
$1\,450{,}00\text{ €} \cdot 1{,}19 = 1\,725{,}50\text{ €}$

Der Gesamtpreis beträgt 1 725,50 €.

b) $\frac{1}{5} = \frac{20}{100} = 20\ \%$

Maria hat $\underline{\underline{\text{recht}}}$, da 19 % etwa ein Fünftel sind.

2. Teil – Aufgabe 13

gegeben: $d = 26\text{ cm} \Rightarrow r = 13\text{ cm}$
$h_k = 10\text{ cm}$

gesucht: Volumen V des Zylinders

Lösung: $V = \pi \cdot r^2 \cdot h_k$
$V = \pi \cdot (13\text{ cm})^2 \cdot 10\text{ cm}$
$V = 5\,309{,}291\ldots\text{ cm}^3 \approx 5\text{ dm}^3$
$\underline{\underline{V = 5\ \ell}}$

Das Volumen beträgt 5 Liter.

2. Teil – Aufgabe 14

a) $44x - 4 = 42x + 12 - 6x$

$$44x - 4 = 36x + 12 \quad | -36x$$
$$8x - 4 = 12 \quad | +4$$
$$8x = 16 \quad | :8$$
$$\underline{\underline{x = 2}}$$

b) $\underline{\underline{3x + 18 = 4x}}$

2. Teil – Aufgabe 15

a) Gesamtgewinn: 82 € + 229 € + 93 € + 265 € + 181 € = 850 €

850 € : 5 = $\underline{\underline{170\ €}}$

Der durchschnittliche Gewinn beträgt 170 €.

b) Jahrgang 8: 82 € + 229 € + 93 € = 404 €
Jahrgang 9: 265 € + 181 € = 446 €

Die Jahrgangsstufe 9 erzielte mehr Gewinn als die Jahrgangsstufe 8 und somit mehr als die Hälfte des Gesamtgewinns. Der Winkel im Kreisdiagramm muss also auch größer als die Hälfte des Kreises (360°) sein.

c) Gesamtgewinn der 7. Klassen: 198 € · 2 = 396 €
Gewinn der 7b: 396 € – 232 € = $\underline{\underline{164\ €}}$

Die Klasse 7b erzielte einen Gewinn von 164 €.

2. Teil – Aufgabe 16

gegeben: d = 40 cm ⇒ r = 20 cm
gesucht: Länge der Seite a
Lösung: Satz des Pythagoras

$$a^2 = r^2 + r^2$$
$$a^2 = (20\text{ cm})^2 + (20\text{ cm})^2$$
$$a^2 = 800\text{ cm}^2 \quad |\sqrt{\ }$$
$$a = 28{,}284\ldots\text{ cm}$$
$$\underline{\underline{a \approx 28\text{ cm}}}$$

Die Seite a beträgt etwa 28 cm.

2. Teil – Aufgabe 17

a) gegeben: Höhe Korb im Bild: 0,3 cm $\triangleq$ 1,10 m

geschätzte Höhe des Würfels im Bild: 3 cm $\triangleq$ 11 m

gesucht: Volumen V des Würfels

Lösung: $V = a^3$

$V = (11\text{ m})^3$

$\underline{\underline{V = 1\,331\text{ m}^3}}$

Das Volumen beträgt etwa 1 331 m^3.

Hinweis:
Je nach geschätzter Kantenlänge bekommst du ein leicht verändertes Ergebnis. Kantenlängen von 9 m bis 13 m werden als richtig bewertet.

b) Eine <u>Kugel</u> passt besser zu den Rundungen des Ballons.

Hinweis:
Ebenso wäre ein Zylinder ein mögliches Modell. Am nächsten kommt dem Ballon allerdings ein zusammengesetzter Körper, der aus einem umgedrehten Kegel und einer Halbkugel besteht.

2. Teil – Aufgabe W1

a)

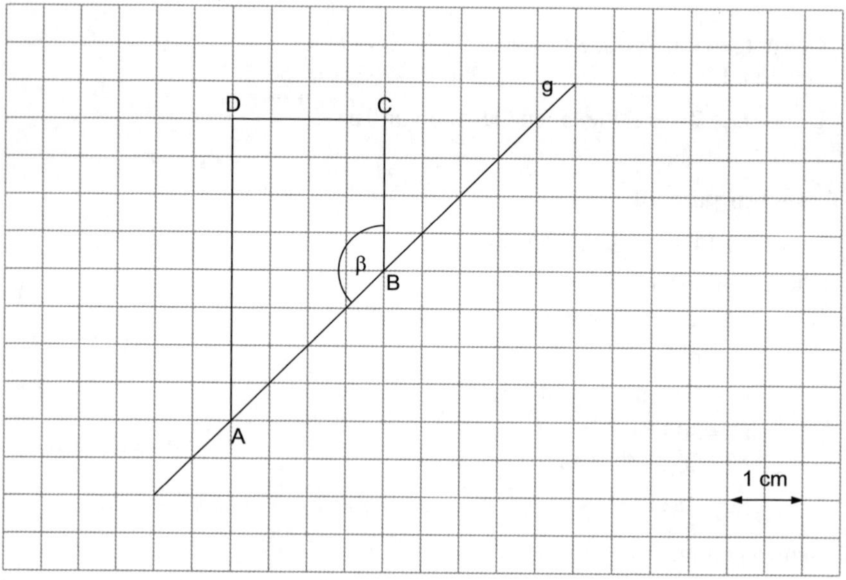

b) $\underline{\underline{\beta = 135°}}$

c) gegeben: $a = \overline{AD} = 4\text{ cm}$

$c = \overline{BC} = 2\text{ cm}$

$h = \overline{CD} = 2\text{ cm}$

gesucht: Fläche A des Trapezes

Lösung: $A = \frac{a+c}{2} \cdot h$

$A = \frac{4\text{ cm} + 2\text{ cm}}{2} \cdot 2\text{ cm}$

$\underline{\underline{A = 6\text{ cm}^2}}$

Die Fläche beträgt 6 cm^2.

d) 1.

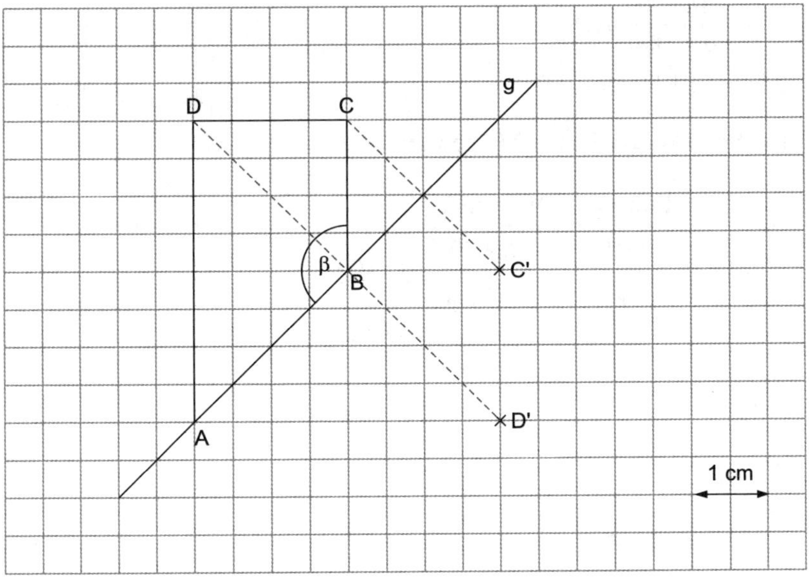

2. Paul hat <u>recht</u>, weil sich die Figur aus 2 Vierecken (Trapezen) zusammensetzt.
Daher beträgt die Winkelsumme $2 \cdot 360° = 720°$.

Hinweis:
Du kannst das Vieleck auch in vier Dreiecke (Winkelsumme 180°) unterteilen.

2. Teil – Aufgabe W2

a) Im Jahr 2011 hatte Frankfurt 668 000 Einwohner.

b) 708 000 − 694 000 = 14 000 Einwohner

	Einwohner	Prozent	
: 694	694 000	100 %	: 694
	1 000	0,144… %	
· 14	14 000	2,017… % ≈ 2 %	· 14

oder:

$$p\,\% = \frac{W}{G} \cdot 100\,\%$$

$$p\,\% = \frac{14\,000}{694\,000} \cdot 100\,\%$$

$$p\,\% = 2{,}017\ldots\,\% \approx 2\,\%$$

Die Bevölkerung ist um 2 % gewachsen.

c)

	Prozent	Einwohner	
: 100	100 %	724 000	: 100
	1 %	7 240	
· 16	16 %	115 840	· 16

oder:

$$W = G \cdot \frac{p}{100}$$

$$W = 724\,000 \cdot \frac{16}{100}$$

$$W = 115\,840$$

115 840 Personen waren 2015 jünger als 18 Jahre.

d)

	Einwohner	Länge	
· 729 ↓	1 000	1 mm	↓ · 729
	729 000	729 mm	

729 mm = 72,9 cm

Das Diagramm würde nicht auf ein DIN-A4-Blatt passen.

2. Teil – Aufgabe W3

a) 1. $P(\text{Badekugel}) = \frac{5}{15} = \frac{1}{3}$

2. $P(\text{keine Lavendelseife}) = \frac{9}{15} = \frac{3}{5}$

3. $40\,\% = 0{,}4 = \frac{4}{10} = \frac{2}{5} = \frac{6}{15}$

Die Lavendelseife ist in 6 der 15 Tüten, wird also mit einer Wahrscheinlichkeit von $\frac{6}{15} = 40\,\%$ gezogen.

b) $P(\text{Duftkerze im ersten Zug}) = \frac{4}{15}$

$P(\text{Duftkerze im zweiten Zug}) = \frac{3}{14}$

$P(\text{2-mal Duftkerze}) = \frac{4}{15} \cdot \frac{3}{14} = \frac{12}{210} = \frac{2}{35}$

c) Ein Gast muss 12 Tüten vom Tablett nehmen.

Nachdem 6 Lavendelseifen und 5 Badekugeln gezogen wurden, muss die 12. Tüte eine Duftkerze enthalten.

Hinweis:
Die Wahrscheinlichkeiten können als Bruch (auch gekürzt), als Dezimalbruch oder als Prozentzahl (auch gerundet) angegeben werden.

2. Teil – Aufgabe W4

a) Größe Schlafzimmer, Wohnzimmer, Küche, Bad:
$12\ \text{m}^2 + 20\ \text{m}^2 + 15\ \text{m}^2 + 6{,}5\ \text{m}^2 = 53{,}5\ \text{m}^2$
Größe Flur: $62\ \text{m}^2 - 53{,}5\ \text{m}^2 = \underline{\underline{8{,}5\ \text{m}^2}}$

Der Flur ist 8,5 m² groß.

b) gegeben: $A = 20\ \text{m}^2$
$b = 3{,}2\ \text{m}$

gesucht: Länge der Seite a

Lösung:

$$A = a \cdot b$$
$$20\ \text{m}^2 = a \cdot 3{,}2\ \text{m}$$
$$a = 20\ \text{m}^2 : 3{,}2\ \text{m}$$
$$\underline{\underline{a = 6{,}25\ \text{m}}}$$

Das Wohnzimmer ist 6,25 m lang.

c) Nebenkosten pro Monat: 1,30 € · 62 = 80,60 €
monatl. Kosten für Garage: 540 € : 12 = 45 €
Gesamtkosten: 403 € + 80,60 € + 45 € = $\underline{\underline{528{,}60\ €}}$

Er muss insgesamt 528,60 € pro Monat bezahlen.

d)

	Prozent	Euro	
: 26	26 %	403 €	: 26
	1 %	15,50 €	
· 100	100 %	$\underline{\underline{1\,550\ €}}$	· 100

oder:

$$G = W \cdot \frac{100}{p}$$

$$G = 403\ € \cdot \frac{100}{26}$$

$$\underline{\underline{G = 1\,550\ €}}$$

Tims Gehalt beträgt 1 550 € pro Monat.

Abschlussprüfung an Hauptschulen in Hessen 2019
Mathematik

1. Teil (ohne Taschenrechner)

1. Teil – Aufgabe 1

a) $0,4+0,24=\underline{\underline{0,64}}$

Erklärung der Lösung:
Schreibe stellengerecht untereinander. Achte darauf, dass 0,4 auch als 0,40 geschrieben werden kann.

$$\begin{array}{r} 0,40 \\ +\,0,24 \\ \hline 0,64 \end{array}$$

b) $13-8,3=\underline{\underline{4,7}}$

Erklärung der Lösung:
Schreibe stellengerecht untereinander.

$$\begin{array}{r} 13,0 \\ -\;\;8,3 \\ {\scriptstyle 1\,1} \\ \hline 4,7 \end{array}$$

c) $\frac{2}{3}\cdot\frac{1}{5}=\underline{\underline{\frac{2}{15}}}$

Erklärung der Lösung:
Multipliziere Zähler mit Zähler und Nenner mit Nenner.

$$\frac{2\cdot 1}{3\cdot 5}$$

d) $28,8:4=\underline{\underline{7,2}}$

Erklärung der Lösung:
Beim Überschreiten des Kommas muss im Endergebnis ein Komma gesetzt werden.

1. Teil – Aufgabe 2

a) Lars ist von Kassel nach Hamburg 270 km gefahren.

Erklärung der Lösung:
Berechne den Unterschied zwischen den beiden Kilometerständen, indem du den niedrigeren Kilometerstand (Kassel) vom höheren Kilometerstand (Hamburg) abziehst (subtrahierst).

$$\begin{array}{r} 2\,750 \\ -\,2\,480 \\ {\scriptstyle 1} \\ \hline 270 \end{array}$$

Anmerkung: Laut Routenplaner beträgt die kürzeste Entfernung von Kassel nach Hamburg etwa 311 km. Die Luftlinie beträgt ca. 250 km.

b) Lars hat 3 Stunden und 40 Minuten benötigt.

Erklärung der Lösung:
Überlege zuerst, wie viele Minuten es von 10:20 Uhr bis zur nächsten vollen Stunde (11:00 Uhr) sind.
Überlege dann, wie viele Stunden von 11:00 Uhr bis 14:00 Uhr vergehen.
10:20 Uhr bis 11:00 Uhr: 40 Minuten
11:00 Uhr bis 14:00 Uhr: 3 Stunden

1. Teil – Aufgabe 3

Familie Krug muss insgesamt 44,50 € bezahlen.

Erklärung der Lösung:
Berechne zunächst den Preis für 3 Kinder und anschließend den Preis für 2 Erwachsene. Addiere dann die Beträge.

3 Kinder: $7{,}50\,€ \cdot 3 = 22{,}50\,€$
2 Erwachsene: $11{,}00\,€ \cdot 2 = 22{,}00\,€$
$44{,}50\,€$

1. Teil – Aufgabe 4

$\alpha = \underline{\underline{75°}}$

$\beta = \underline{\underline{105°}}$

Erklärung der Lösung:
Die Summe aller Winkel in einem Dreieck beträgt 180°.
Um den Winkel α zu berechnen, ziehe 65° und 40° von 180° ab.
$\alpha = 180° - 65° - 40° = 75°$
Alle Nebenwinkel bilden zusammen 180°. Der Winkel β und der Winkel α müssen demnach zusammen ebenfalls 180° ergeben.
$\beta + \alpha = 180°$, also: $\beta = 180° - \alpha = 180° - 75° = 105°$

1. Teil – Aufgabe 5

Länge a in cm	10	4	**8**
Breite b in cm	2	**5**	2,5

Erklärung der Lösung:
Der Flächeninhalt eines Rechtecks wird berechnet, indem man die Länge mit der Breite multipliziert. Überlege, welche Zahl du mit 4 (oder 2,5) multiplizieren musst, um 20 zu erhalten. Du kannst daraus auch die Umkehraufgaben stellen:
$20 : 4 = ?$
$20 : 2{,}5 = 200 : 25 = ?$

1. Teil – Aufgabe 6

a) Mögliche Lösung:

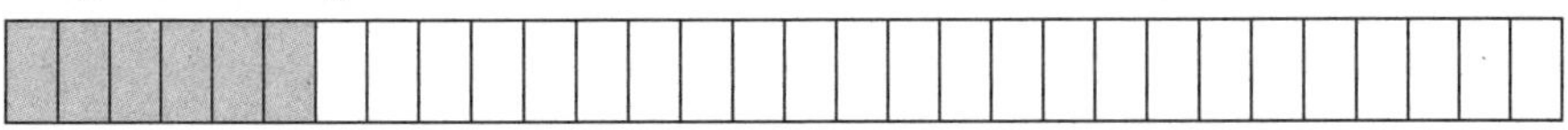

Erklärung der Lösung:
Zähle zunächst die Anzahl der Kästchen.
Berechne, wie viel 20 % von 30 Kästchen sind.

	Prozent	Anzahl Kästchen	
	100 %	30	
: 10	10 %	3	: 10
· 2	20 %	6	· 2

Es müssen 6 Kästchen eingefärbt werden. Dabei ist es egal, welche du wählst.

b) Der gesamte Streifen ist $\underline{\underline{35}}$ cm² groß.

Erklärung der Lösung:
2 Kästchen entsprechen 14 cm². Überlege, welche Fläche ein Kästchen haben muss.
1 Kästchen: $14\ cm^2 : 2 = 7\ cm^2$
5 Kästchen: $7\ cm^2 \cdot 5 = 35\ cm^2$

1. Teil – Aufgabe 7

☒ Spiel A ☐ Spiel B

Begründung:

Gesamtzahl der Würfelseiten:	6	Gesamtzahl der Kugeln:	10
Anzahl der günstigen Ergebnisse:	3	Anzahl der günstigen Ergebnisse:	4

Gewinnwahrscheinlichkeit Spiel A: $\frac{3}{6} = \frac{1}{2}$

Gewinnwahrscheinlichkeit Spiel B: $\frac{4}{10} = \frac{2}{5}$

$\frac{1}{2} = \frac{5}{10} > \frac{4}{10}$

Spiel A > Spiel B

Erklärung der Lösung:
Die Wahrscheinlichkeit berechnet man, indem man die Anzahl der günstigen Ergebnisse (also die Anzahl der geraden Zahlen auf einem Würfel bzw. die Anzahl der blauen Kugeln) durch die Gesamtanzahl der möglichen Würfelseiten bzw. der Kugeln dividiert. Vergleiche dann die beiden Gewinnwahrscheinlichkeiten, indem du sie auf den gleichen Nenner bringst.

1. Teil – Aufgabe 8

Der Flächeninhalt der grauen Fläche beträgt 13 cm^2.

Erklärung der Lösung:
Unterteile die Figur in verschiedene Rechtecke und berechne deren Flächeninhalt. Beachte, dass 2 Kästchen immer 1 cm entsprechen.

Mögliche Unterteilung:

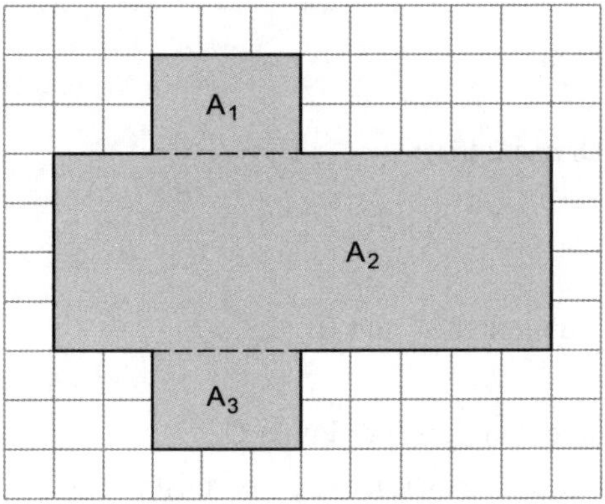

$A_1 = A_3 = 1{,}5\ \text{cm} \cdot 1\ \text{cm} = 1{,}5\ \text{cm}^2$
$A_2 = 5\ \text{cm} \cdot 2\ \text{cm} = 10\ \text{cm}^2$

$A_1 + A_2 + A_3 =$
$1{,}5\ \text{cm}^2 + 10\ \text{cm}^2 + 1{,}5\ \text{cm}^2 = 13\ \text{cm}^2$

1. Teil – Aufgabe 9

a) Der abgebildete Körper hat 10 Ecken.

b) Der abgebildete Körper hat 15 Kanten.

Erklärung der Lösung:
Zähle die Ecken bzw. Kanten (= schwarze Linien). Als Hilfe kannst du bereits gezählte Ecken bzw. Kanten mit einem Bleistift markieren.

Lösungs-Tipps zum 2. Teil

Die folgenden Tipps verraten dir schrittweise einen möglichen Lösungsweg. Lies also den zweiten Tipp erst, wenn du mit dem vorherigen nicht weitergekommen bist.

Tipps zu Aufgabe 10

a)

- Du kannst die Aufgabe mit dem Dreisatz lösen.

b)

- Du kannst die Aufgabe ebenfalls mit dem Dreisatz lösen.

Tipps zu Aufgabe 11

a)

- Zeichne zuerst die Seite $c = 7$ cm mit den Endpunkten A und B.
- Markiere den Mittelpunkt M_c der Seite c.
- Zeichne die Höhe $h_c = 5{,}5$ cm in M_c. Am Ende von h_c ist der Punkt C.
- Verbinde die Punkte A und C sowie B und C, um das Dreieck zu vervollständigen.

b)

- In einem gleichseitigen Dreieck sind alle Winkel gleich groß.
- Die Innenwinkelsumme in jedem Dreieck beträgt 180°.

Tipps zu Aufgabe 12

- Berechne mithilfe der Flächeninhaltsformel den Flächeninhalt des gesamten Kreises: $A_{Kreis} = \pi \cdot r^2$
- Der ganze Kreis besteht aus 3 Kreisausschnitten. Wie groß ist der Flächeninhalt von 2 Kreisausschnitten? Du kannst die Aufgabe mit dem Dreisatz lösen.

Tipps zu Aufgabe 13

a)

- Zu Beginn beträgt der Wert des Autos 100 % des Neupreises.
- Nach wie vielen Jahren ist das Auto nur noch halb so viel (50 %) wert?
- Lies in der Grafik ab.

b)

- Lies in der Grafik ab, wie viel Prozent des Neupreises das Auto nach 7 Jahren noch wert ist.
- Dann kannst du die Aufgabe mit dem Dreisatz oder mit der Lösungsformel lösen.

c)

- Lies zunächst in der Grafik ab, wie viel Prozent des Neupreises das Auto nach 6 Jahren noch wert ist.
- Dann kannst du die Aufgabe mit dem Dreisatz oder mit der Lösungsformel lösen.

Tipps zu Aufgabe 14

- Der Radius ist die Hälfte des Durchmessers.
- Berechne erst das Volumen der Kugel.
- Das Gewicht der Kugel (Masse) erhältst du, indem du das Volumen mit dem Gewicht pro Kubikzentimeter (Dichte) multiplizierst.
- Vergiss nicht, das Endergebnis in Kilogramm anzugeben (1 kg = 1 000 g).

Tipps zu Aufgabe 15

a)

- Fasse auf der rechten Seite der Gleichung so weit wie möglich zusammen.
- Sortiere zunächst die Gleichung, sodass alle Teile mit der Variablen auf der linken und alle Teile ohne Variable auf der rechten Seite stehen.
- Anschließend isoliere die Variable x, indem du durch den Faktor vor dem x dividierst.

b)

- Stelle zunächst eine Gleichung auf, indem du alle Längen der Teilstrecken (inklusive der x) addierst.
- Löse anschließend die Gleichung nach x auf, um die Lösung zu erhalten.

Tipps zu Aufgabe 16

- In der Darstellung erkennst du ein rechtwinkliges Dreieck.
- Die Länge der gestrichelten Linie (Hypotenuse) lässt sich mit dem Satz des Pythagoras berechnen.
- Vergleiche die Länge der gestrichelten Linie mit den Maßen des quadratischen Spiegels.

Tipps zu Aufgabe 17

- Schätze zunächst die Länge und die Breite von Leons Laufschuhen.
- Schätze mithilfe der Laufschuhmaße Länge, Breite und Höhe des quaderförmigen Behälters.
- Berechne mit den entsprechenden Schätzwerten das Volumen des Quaders.
- Rechne anschließend in Liter um: $1\ \ell = 1\ \text{dm}^3 = 1\,000\ \text{cm}^3$

Tipps zu Aufgabe W1

a)

- Beachte, dass zuerst die x-Koordinate und anschließend die y-Koordinate angegeben wird.

b)

- Bei einem Parallelogramm sind die gegenüberliegenden Seiten gleich lang und parallel.
- Um das Parallelogramm leichter zu finden, kannst du die Punkte A, B und E verbinden.
- Es gibt zwei Möglichkeiten.

c)

- Der Flächeninhalt eines Trapezes berechnet sich mit $A = \frac{a + c}{2} \cdot h$, wobei a und c die beiden parallelen Seiten sind.
- Da d bereits senkrecht auf der Seite a steht, gilt: $d = h$.
- Bestimme die benötigten Längen durch Ablesen bzw. Abzählen (2 Kästchen = 1 cm).

d)

- Der Flächeninhalt eines Dreiecks berechnet sich mit $A = \frac{g \cdot h}{2}$, wobei g die Länge der Grundseite und h die Höhe des Dreiecks ist.
- Vergleiche die Längen der Grundseiten und die Höhen der beiden Dreiecke.
Was stellst du fest?

Tipps zu Aufgabe W2

a)

- Rechne 1 Stunde in Minuten oder 90 Minuten in Stunden um.
- Die weitere Aufgabe kannst du mit dem Dreisatz lösen.

b)

- Berechne, wie viele Minuten ein Tag hat.
- Dividiere diese Minuten durch die Zeit, die die Raumstation für eine Erdumrundung benötigt.

c)

- 1 h = 3 600 s
- Du kannst diese Aufgabe mit dem Dreisatz lösen.

d)

- Lies die Aufgabenstellung noch einmal genau und entnimm dort die benötigte Kilometerzahl.
- Schreibe 252 Millionen in Ziffern.

- 1 Million = 1 000 000
- Du kannst die Kilometer auch berechnen.
- Die Raumstation umkreist die Erde 24 Stunden am Tag. Ein Jahr hat 365 Tage.

Tipps zu Aufgabe W3

a)

- Die Wahrscheinlichkeit bestimmt man, indem man die Anzahl der günstigen Ergebnisse durch die Anzahl aller möglichen Ergebnisse dividiert.

b)

- Bestimme zunächst die Wahrscheinlichkeit dafür, dass als erstes Lied „Let the Sun Shine“ gespielt wird.
- Bestimme nun die Wahrscheinlichkeit dafür, dass im zweiten Zug „In the Jungle“ gespielt wird.
- Beachte, dass bereits ein Lied gespielt wurde und dieses nicht noch einmal wiederholt werden kann.
- Multipliziere die beiden Wahrscheinlichkeiten (1. Pfadregel).

c)

- Notiere zunächst alle Möglichkeiten, bei denen Nr. 1 zuerst gespielt wird.
- Anschließend notierst du alle Möglichkeiten, bei denen Nr. 3 zuerst gespielt wird.
- Zum Schluss schreibst du alle Möglichkeiten auf, bei denen Nr. 7 zuerst gespielt wird.

d)

- Überlege, wie groß die Wahrscheinlichkeit jeweils für Saras bzw. Lenas Playlist ist, dass das Lied „Wonderful World“ zuerst gespielt wird.
- Vergleiche beide Wahrscheinlichkeiten.

Tipps zu Aufgabe W4

a)

- Den Umfang erhältst du, indem du alle fünf Seitenlängen addierst.
- Bei einem gleichschenkligen Dreieck gibt es zwei gleich lange Seiten.
- Stelle mit den Variablen x, y und z einen Term auf und fasse zusammen.

b)

- Setze in der Formel für jedes x die Länge 8 cm und für jedes y die Länge 3 cm ein.

c)

- Zeichne ein gleichschenkliges Dreieck, bei dem die Basis $x = 8$ cm und die Schenkel jeweils $z = 2$ cm lang sind. Zu welchem Ergebnis kommst du?

Lösungen zum 2. Teil

2. Teil – Aufgabe 10

a)

	Stunden	Lohn	
: 45 (	45	414,00 €	) : 45
	1	9,20 €	
· 55 (	55	506,00 €	) · 55

Im März hat Ina 506 € verdient.

b)

	Lohn	Stunden	
: 414 (	414,00 €	45	) : 414
	1 €	0,108…	
· 386,40 (	386,40 €	42	) · 386,40

Im April hat Ina 42 Stunden gearbeitet.

2. Teil – Aufgabe 11

a)

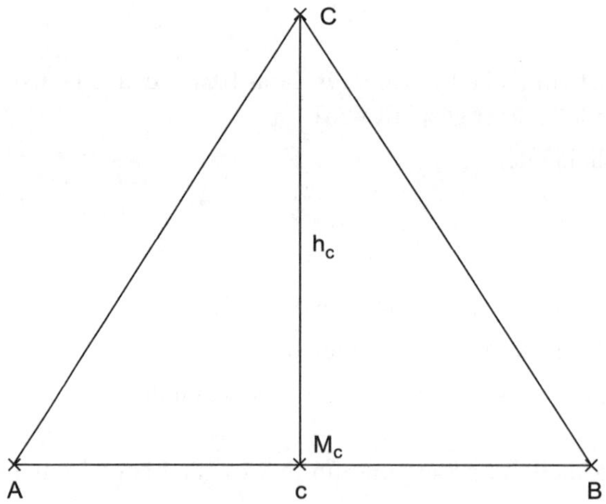

b) In einem gleichseitigen Dreieck sind alle drei Innenwinkel 60° groß.

2. Teil – Aufgabe 12

$A_{Kreis} = \pi \cdot r^2$
$A_{Kreis} = \pi \cdot (2{,}5\ cm)^2$
$A_{Kreis} = 19{,}634\ldots\ cm^2$

	Anzahl Kreisausschnitte	Flächeninhalt	
: 3	3	19,634… cm^2	: 3
	1	6,544… cm^2	
· 2	2	13,089… cm^2 ≈ 13 cm^2	· 2

Der Flächeninhalt der grauen Fläche beträgt 13 cm^2.

2. Teil – Aufgabe 13

a) Nach 4 Jahren ist das Auto nur noch halb so viel (50 %) wert.

b)

	Restwert in %	Restwert in €	
: 100	100 %	17 400 €	: 100
	1 %	174 €	
· 35	35 %	6 090 €	· 35

oder:

$W = G \cdot \frac{p}{100}$

$W = 17\,400\ € \cdot \frac{35}{100}$

$W = 6\,090\ €$

Das Auto ist nach 7 Jahren noch 6 090 € wert.

c)

	Restwert in %	Restwert in €	
: 40	40 %	13 800 €	: 40
	1 %	345 €	
· 100	100 %	34 500 €	· 100

oder:

$$G = W \cdot \frac{100}{p}$$

$$G = 13\,800\ € \cdot \frac{100}{40}$$

$$\underline{\underline{G = 34\,500\ €}}$$

Der Neupreis des Autos lag bei 34 500 €.

2. Teil – Aufgabe 14

gegeben: $d = 30\ \text{cm} \Rightarrow r = 15\ \text{cm}$

$\text{Dichte}_{\text{Granit}} = 2{,}7\,\frac{\text{g}}{\text{cm}^3}$

gesucht: Masse der Kugel

Lösung: $V = \frac{4}{3} \cdot \pi \cdot r^3$

$$V = \frac{4}{3} \cdot \pi \cdot (15\ \text{cm})^3$$

$$V = 14\,137{,}166\ldots\ \text{cm}^3$$

$$m = V \cdot \text{Dichte}$$

$$m = 14\,137{,}166\ldots\ \text{cm}^3 \cdot 2{,}7\,\frac{\text{g}}{\text{cm}^3}$$

$$m = 38\,170{,}350\ldots\ \text{g}$$

$$m = 38{,}170350\ldots\ \text{kg} \approx \underline{\underline{38\ \text{kg}}}$$

Die Kugel wiegt 38 kg.

2. Teil – Aufgabe 15

a) $15x - 12 = 3x + 9 + 5x$

$$\begin{aligned} 15x - 12 &= 8x + 9 && |-8x \\ 7x - 12 &= 9 && |+12 \\ 7x &= 21 && |:7 \\ \underline{\underline{x}} &\underline{\underline{= 3}} \end{aligned}$$

b) $6+15+x+15+x+15+x+15+6=96$

$$72+3x=96 \quad |-72$$
$$3x=24 \quad |:3$$
$$\underline{\underline{x=8}}$$

x ist 8 cm lang.

Hinweis: Ein anderer rechnerischer Lösungsweg, der zur richtigen Lösung führt, wird ebenfalls akzeptiert, eine zeichnerische Lösung aber nicht.

2. Teil – Aufgabe 16

gegeben: $a=2{,}00$ m
$b=0{,}96$ m

gesucht: Länge der Seite c (Türdiagonale)

Lösung: Satz des Pythagoras

$$c^2=a^2+b^2$$
$$c^2=(2{,}00\text{ m})^2+(0{,}96\text{ m})^2$$
$$c^2=4{,}9216\text{ m}^2$$
$$c=2{,}218\ldots\text{ m}$$
$$c\approx 2{,}22\text{ m}$$

2,22 m (Türdiagonale) > 2,10 m (Spiegellänge)

Der Spiegel passt durch die Tür.

2. Teil – Aufgabe 17

gegeben: Maße des Behälters:
geschätzte Breite: 30 cm ($\triangleq$ Schuhlänge)
geschätzte Länge: 40 cm ($\triangleq$ Schuhlänge + $\frac{1}{3}$ Schuhlänge)
geschätzte Höhe: 70 cm ($\triangleq$ Schuhlänge + Schuhlänge + $\frac{1}{3}$ Schuhlänge)

gesucht: Volumen des Behälters (Quader)

Lösung:
$$V=a\cdot b\cdot c$$
$$V=40\text{ cm}\cdot 30\text{ cm}\cdot 70\text{ cm}$$
$$V=84\,000\text{ cm}^3$$
$$V=84\text{ dm}^3$$
$$\underline{\underline{V=84\ \ell}}$$

Das Volumen des Behälters beträgt etwa 84 Liter.

Hinweis: Je nach geschätzter Länge kommt ein verändertes Ergebnis heraus.
Folgende Schätzwerte werden als richtig bewertet:
Länge: 25 cm bis 50 cm
Breite: 20 cm bis 35 cm
Höhe: 50 cm bis 90 cm

2. Teil – Aufgabe W1

a) A(−3 | −2)

b) Möglichkeit 1:

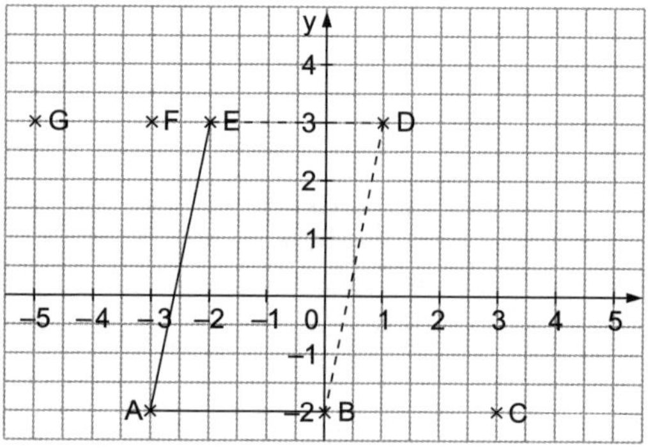

Möglichkeit 2:

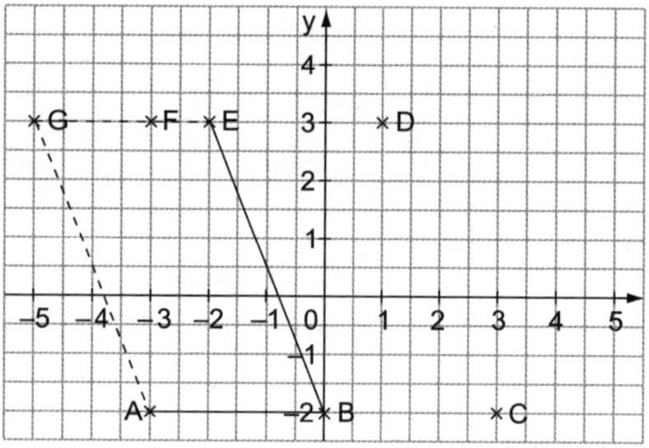

Punkt D oder Punkt G

Hinweis: Es reicht, wenn ein Punkt angegeben wird.

c)

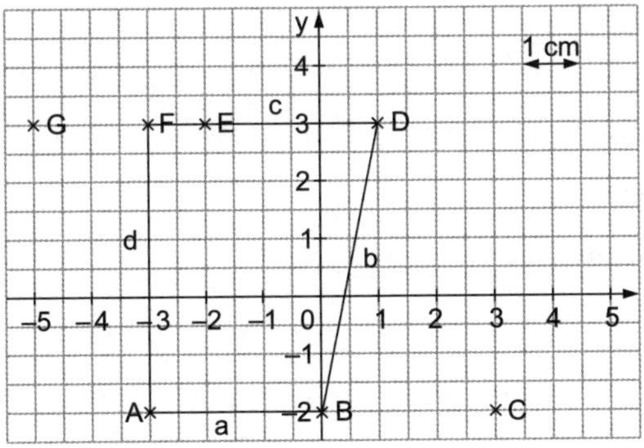

gegeben: $a = 3$ cm
$c = 4$ cm
$h = d = 5$ cm

gesucht: Flächeninhalt A des Trapezes ABDF

Lösung: $A = \frac{a + c}{2} \cdot h$

$A = \frac{3\text{ cm} + 4\text{ cm}}{2} \cdot 5\text{ cm}$

$\underline{\underline{A = 17{,}5\text{ cm}^2}}$

Der Flächeninhalt des Trapezes ABDF beträgt 17,5 cm^2.

d)

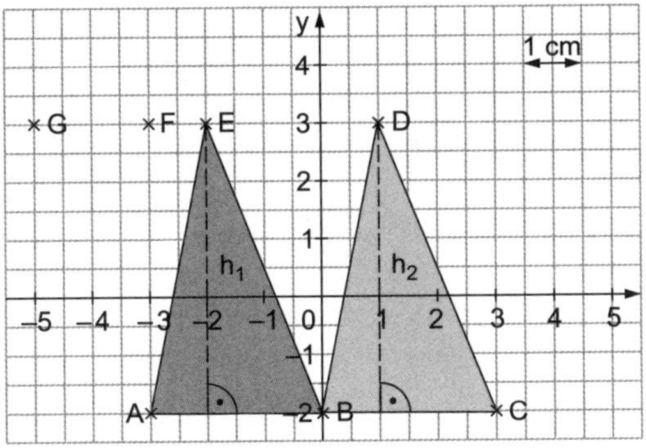

$h_1 = h_2 = 5$ cm
$\overline{AB} = \overline{BC} = 3$ cm

Die $\underline{\underline{\text{Grundseiten}}}$ und die $\underline{\underline{\text{Höhen}}}$ beider Dreiecke sind $\underline{\underline{\text{gleich lang}}}$, also sind auch ihre Flächeninhalte gleich groß.

2. Teil – Aufgabe W2

a) 1 Stunde = 60 Minuten

	Zeit	Strecke	
: 2	60 min	28 800 km	: 2
· 3	30 min	14 400 km	· 3
	90 min	<u>43 200 km</u>	

oder:

90 Minuten = 1,5 Stunden

	Zeit	Strecke	
· 1,5	1	28 800 km	· 1,5
	1,5	<u>43 200 km</u>	

Die ISS hat nach einer Erdumrundung 43 200 km zurückgelegt.

b) 1 Tag = 24 h = 1 440 min
1 440 min : 90 min = <u>16</u>

Die ISS umrundet die Erde 16-mal an einem Tag.

c)

	Strecke	Zeit	
: 28 800	28 800 km	3 600 s	: 28 800
· 800	1 km	0,125 s	· 800
	800 km	<u>100 s</u>	

Die ISS braucht 100 Sekunden für eine Strecke von 800 km.

d) 252 Millionen = 252 000 000 = $252 \cdot 10^6$

oder:

$24 \cdot 365 \cdot 28\,800$ km = 252 288 000 ≈ 252 000 000 = $252 \cdot 10^6$

Lösungsbuchstabe <u>D</u> ist richtig.

2. Teil – Aufgabe W3

a) $P(\text{Nr. 4 als erstes Lied}) = \underline{\underline{\frac{1}{8} = 0{,}125 = 12{,}5\,\%}}$

Die Wahrscheinlichkeit, dass als erstes Lied „Oh Happy Day“ abgespielt wird, beträgt $\frac{1}{8}$.

b) $P(\text{Nr. 6 als erstes Lied}) = \frac{1}{8}$

$P(\text{Nr. 8 als zweites Lied}) = \frac{1}{7}$

$P(\text{Nr. 6 als erstes, Nr. 8 als zweites Lied}) = \frac{1}{8} \cdot \frac{1}{7} = \underline{\underline{\frac{1}{56}}}$

Die Wahrscheinlichkeit, dass als erstes Lied „Let the Sun Shine“ und als zweites Lied „In the Jungle“ abgespielt wird, beträgt $\frac{1}{56}$.

c) Folgende 6 Reihenfolgen sind möglich:
1-3-7
1-7-3
3-1-7
3-7-1
7-1-3
7-3-1

d) $P_{Sara}(\text{Wonderful World als erstes Lied}) = \frac{1}{8} = \frac{2}{16}$

$P_{Lena}(\text{Wonderful World als erstes Lied}) = \frac{1}{16}$

Lena hat <u>nicht recht</u>, da $\frac{1}{16} < \frac{1}{8}$.

2. Teil – Aufgabe W4

a) 1. $u = x + y + z + z + y$

$u = 8\text{ cm} + 3\text{ cm} + 5\text{ cm} + 5\text{ cm} + 3\text{ cm}$

$\underline{\underline{u = 24\text{ cm}}}$

Der Umfang u der grauen Figur beträgt 24 cm.

2. $u = x + y + z + z + y$

$\underline{\underline{u = x + 2y + 2z}}$

b) $A = x \cdot y + \frac{x \cdot y}{2}$

$A = 8\text{ cm} \cdot 3\text{ cm} + \frac{8\text{ cm} \cdot 3\text{ cm}}{2}$

$\underline{\underline{A = 36\text{ cm}^2}}$

Der Flächeninhalt der grauen Fläche beträgt 36 cm^2.

c) $2\text{ cm} + 2\text{ cm} < 8\text{ cm}$

Mario kann das Dreieck nicht zeichnen, da in einem Dreieck zwei Seitenlängen immer länger sein müssen als die dritte Seite.

Oder zeichnerische Begründung:

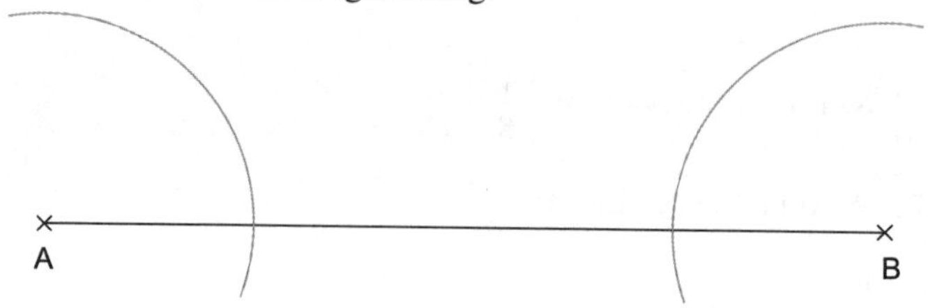

Es ergibt sich kein Schnittpunkt für den dritten Punkt C, somit kann ein solches Dreieck nicht gezeichnet werden.

Abschlussprüfung an Hauptschulen in Hessen 2020
Mathematik

1. Teil (ohne Taschenrechner)

1. Teil – Aufgabe 1

a) $7{,}6 + 2{,}5 = \underline{\underline{10{,}1}}$

Erklärung der Lösung:
Schreibe stellengerecht untereinander.

$$\begin{array}{r} 7{,}6 \\ +\,2{,}5 \\ {\scriptstyle 1} \\ \hline 10{,}1 \end{array}$$

b) $9{,}5 - 12 = \underline{\underline{-2{,}5}}$

Erklärung der Lösung:
Wenn du von einer kleineren Zahl eine größere abziehst, ist das Ergebnis negativ. Gehe gedanklich auf dem Zahlenstrahl (oder Lineal) von der 9,5 zunächst 9,5 Schritte nach links bis zur 0. Wie viele Schritte musst du nun noch nach links machen, um insgesamt 12 Schritte nach links gegangen zu sein?

c) $6{,}5 : 5 = \underline{\underline{1{,}3}}$

Erklärung der Lösung:

$$\begin{array}{l} 6{,}5 : 5 = 1{,}3 \\ \underline{5} \\ 1\,5 \\ \underline{1\,5} \\ \;\;0 \end{array}$$

Beim Überschreiten des Kommas im Dividenden muss auch im Endergebnis ein Komma gesetzt werden.

d) $0{,}73 \cdot 4 = \underline{\underline{2{,}92}}$

Erklärung der Lösung:
Multipliziere schriftlich ohne Beachtung des Kommas. Das Endergebnis hat genauso viele Nachkommastellen wie beide Faktoren (Zahlen) zusammen.

$$\begin{array}{r} 73 \cdot 4 \\ \hline 292 \end{array}$$

e) $\frac{1}{5} \cdot 3 = \underline{\underline{\frac{3}{5}}}$

Erklärung der Lösung:
Du kannst die 3 auch als $\frac{3}{1}$ schreiben. Multipliziere Zähler mit Zähler und Nenner mit Nenner.

1. Teil – Aufgabe 2

0,06 Liter	0,6 Liter	6 dm^3	60 cm^3	6 000 mm^3
☐	☒	☐	☐	☐

Erklärung der Lösung:
$1\ dm^3 = 1\ \text{Liter} = 1\,000\ m\ell = 1\,000\ cm^3 = 1\,000\,000\ mm^3$

1. Teil – Aufgabe 3

a) Der Anteil der Teelöffel beträgt $\underline{\underline{\frac{9}{20}}}$.

Erklärung der Lösung:
Den Anteil gibt man an, indem man die Anzahl der Teelöffel durch die Gesamtanzahl der Löffel dividiert.

b) Der Anteil der Eislöffel beträgt $\underline{\underline{25}}$ %.

Erklärung der Lösung:
Erweitere auf einen Hundertstelbruch.
Es gilt: $\frac{1}{100} = 1\ \% \Rightarrow \frac{5}{20} = \frac{25}{100} = 25\ \%$

1. Teil – Aufgabe 4

a) Es dauert $\underline{\underline{165}}$ Minuten.

Erklärung der Lösung:
1 cm brennt in 15 Minuten ab, demnach brauchen 10 cm 150 Minuten zum Abbrennen.
Alternativ kannst du die Aufgabe auch mit einer Dreisatz-Tabelle lösen.

b) Die Kerze war ursprünglich $\underline{\underline{18}}$ cm hoch.

Erklärung der Lösung:
Löse die Aufgabe mithilfe des Dreisatzes.

	Anteil	Länge	
$:2$	$\frac{2}{3}$	12 cm	$:2$
	$\frac{1}{3}$	6 cm	
$\cdot 3$	$1=\frac{3}{3}$	18 cm	$\cdot 3$

1. Teil – Aufgabe 5

a) Um 21:00 Uhr war der Pegelstand $\underline{\underline{469}}$ cm hoch.

Erklärung der Lösung:
Auf der x-Achse steht jeder Strich für eine volle Stunde, d. h., 21:00 Uhr befindet sich auf dem nicht beschrifteten Strich zwischen 20:00 und 22:00 Uhr.

b) Der Pegelstand war um $\underline{\underline{9{:}00}}$ Uhr am höchsten.

Erklärung der Lösung:
Der höchste Ausschlag ist bei 472 cm zu finden. Geht man vom höchsten Punkt im Diagramm senkrecht nach unten auf die x-Achse (Zeitachse), sieht man, dass dieser Ausschlag genau zwischen 8:00 Uhr und 10:00 Uhr eingetreten ist.

c) Der Pegelstand hat sich $\underline{\underline{6}}$ Stunden gehalten.

Erklärung der Lösung:
Von 10 Uhr bis 16 Uhr verläuft die Linie des Diagramms parallel zur Zeitachse (x-Achse), danach sinkt sie.

1. Teil – Aufgabe 6

Die Seite a ist $\underline{\underline{4}}$ cm lang.

Der Flächeninhalt des Rechtecks ist $\underline{\underline{6}}$ cm^2 groß.

Erklärung der Lösung:
Der Flächeninhalt eines Rechtecks berechnet sich, indem man Länge und Breite multipliziert, d. h. $A = a \cdot b$.
$A = 4\text{ cm} \cdot 1{,}5\text{ cm} = 6\text{ cm}^2$

1. Teil – Aufgabe 7

a) $\alpha = \underline{\underline{160°}}$

$\beta = \underline{\underline{200°}}$

Erklärung der Lösung:
Bestimme einen Winkel durch Messen. Achte darauf, dass der 0-Punkt des Geodreiecks genau auf dem Scheitelpunkt des Winkels liegt und du auf der richtigen Skala abliest.
Der zweite Winkel lässt sich berechnen, da α und β zusammen 360° ergeben.

b) $$\begin{aligned} \alpha + 2 \cdot \alpha &= 180° \\ 3 \cdot \alpha &= 180° \quad |:3 \\ \alpha &= 60° \end{aligned}$$

Lilly hat nicht recht, da der Winkel α 60° groß ist.

Erklärung der Lösung:
α und 2α sind zusammen 180° groß (Nebenwinkel).

1. Teil – Aufgabe 8

Der Körper hat $\underline{\underline{10}}$ Flächen.

Erklärung der Lösung:
Der ursprüngliche Quader hatte 6 Flächen. Durch das Herausschneiden sind 4 weitere Flächen hinzugekommen.

Lösungs-Tipps zum 2. Teil

Die folgenden Tipps verraten dir schrittweise einen möglichen Lösungsweg. Lies also den zweiten Tipp erst, wenn du mit dem vorherigen nicht weitergekommen bist.

Tipps zu Aufgabe 9

a)

- Du kannst die Aufgabe mit dem Dreisatz lösen.

b)

- Du kannst die Aufgabe ebenfalls mit dem Dreisatz lösen.

Tipps zu Aufgabe 10

- Zeichne zuerst die Seite a = 5 cm mit den Punkten A und B.
- Zeichne den Winkel $\sphericalangle CBA = 60°$ in B.
- Trage am freien Schenkel des eben gezeichneten Winkels $\sphericalangle CBA$ die Seite b = 6 cm an. Der Endpunkt heißt C.
- Zeichne den Winkel $\sphericalangle DCB = 90°$ in C.
- Trage am freien Schenkel des Winkels $\sphericalangle DCB$ die Seite c = 3 cm an. Der Endpunkt heißt D.
- Verbinde die Punkte D und A.

Tipps zu Aufgabe 11

a)

- Bestimme zuerst die Anzahl aller Befragten.
- 54 Befragte tragen keinen Helm, 126 tragen einen Helm.
- Den Anteil kannst du mithilfe des Dreisatzes oder der Formel berechnen.

b)

- 65 % von 220 Befragten tragen immer einen Helm.
- Der restliche Anteil trägt nicht immer einen Helm.
- Mithilfe des Dreisatzes oder der Formel kannst du die Anzahl berechnen.

Tipps zu Aufgabe 12

- Berechne jeweils den Flächeninhalt der dreieckigen Dachfläche und der trapezförmigen Dachfläche.
- $A_{Dreieck} = \frac{g \cdot h}{2}$ $\qquad$ $A_{Trapez} = \frac{a + c}{2} \cdot h$

- Die Höhe h einer Fläche steht immer senkrecht zur Grundseite g.
- Addiere die Teilflächen, um die gesamte Dachfläche zu erhalten.
- Denke daran, dass es jeweils zwei deckungsgleiche Flächen gibt.

Tipps zu Aufgabe 13

- Berechne zunächst das Volumen der quadratischen Pyramide.
- $V_{Pyramide} = \frac{1}{3} \cdot a^2 \cdot h_K$
- Berechne dann, wie viel 1 cm^3 dieser Pyramide wiegen würde.
- Vergleiche dein Ergebnis mit der abgedruckten Tabelle.

Tipps zu Aufgabe 14

a)

- Fasse auf der linken Seite der Gleichung so weit wie möglich zusammen.
- Sortiere die Gleichung so, dass alle Teile mit der Variablen auf der linken und alle Teile ohne Variable auf der rechten Seite stehen.
- Isoliere anschließend die Variable x, indem du durch den Faktor vor x dividierst.

b)

- Setze für x jeweils −4 ein und berechne den linken Term.
- Überprüfe, ob du 29 erhältst.
- Achte auf das Vorzeichen.

Tipps zu Aufgabe 15

- Die Länge der Diagonale ist die Hypotenuse in einem rechtwinkligen Dreieck.
- Rechne mit dem Satz des Pythagoras.
- Vergleiche die Länge der gestrichelten Linie mit der Diagonalen des Fernsehers.
- Wandle dazu 42 Zoll in cm um.

Tipps zu Aufgabe 16

- Schätze die Höhe oder den Durchmesser der Schüssel. Als Hilfe dient die abgebildete Hand.
- Um die Maße zu schätzen, kannst du deine Hand zum Vergleich nehmen.
- Berechne mit dem entsprechenden Schätzwert das Volumen der Halbkugel.
- $V_{Kugel} = \pi \cdot r^3$
- Rechne anschließend in Liter um: $1\,\ell = 1\,dm^3 = 1\,000\,cm^3$

Tipps zu Aufgabe W1

a)

- Beachte, dass zuerst die x- und anschließend die y-Koordinate angegeben wird.

b)

- Zerlege das Quadrat ABCD zunächst in zwei gleich große (deckungsgleiche) Dreiecke ABD und BCD.
- Berechne den Flächeninhalt des Dreiecks ABD mit $A = \frac{g \cdot h}{2}$.
- Es gilt: $g = \overline{BD}$ und $h = \frac{1}{2}\overline{AC}$
- Entnimm die Maße dem Koordinatensystem.
- Da beide Dreiecke deckungsgleich sind, ist auch ihr Flächeninhalt gleich groß.

c)

- Der nicht eingezeichnete Winkel β (bei B) ist ein Innenwinkel des Quadrates ABCD und somit gilt: $\beta = 90°$
- Die Summe aller Innenwinkel in einem Viereck (also auch in ABCE) beträgt 360°.
- Denke daran, dass α' und γ' gleich groß sind.

d)

- Drehe das Blatt um 90°, sodass die Punkte E bzw. D als Spitze der Dreiecke nach oben zeigen.
- Die Grundseite $g = \overline{AC}$ ist bei beiden Dreiecken die gleiche.
- Betrachte die Höhe des Dreiecks und beschreibe, was dir auffällt.

Tipps zu Aufgabe W2

a)

- Suche zunächst die höchste und die niedrigste Temperatur aus der Tabelle heraus.
- Überlege, wie viel Grad es von der höchsten Temperatur bis zu 0 °C sind.
- Bestimme dann, wie viel Grad es von 0 °C bis zur niedrigsten Temperatur sind.
- Addiere die Zahlen.
- Alternativ kannst du das Ergebnis auch berechnen, indem du die niedrigste Temperatur von der höchsten Temperatur abziehst.
- Achte dabei darauf, dass die negative Zahl in Klammern stehen muss.

b)

- Addiere zunächst alle Außentemperaturen.
- Dividiere (teile) diese Summe dann durch die Anzahl der Tage.

c)

- 1. Lies dir noch einmal die Erklärung in der Aufgabenstellung durch.

2. Wenn du die Anweisungen rückwärts anwendest, ändern sich die Rechenarten zur jeweiligen gegenteiligen Rechenart.

Überprüfe, ob deine Wahl richtig ist, indem du für „Temperatur in °C“ die Zahl 25 einsetzt. Als Ergebnis müsstest du 77 erhalten.

Tipps zu Aufgabe W3

a)

Die Wahrscheinlichkeit bestimmt man, indem man die Anzahl der günstigen Ergebnisse durch die Anzahl aller möglichen Ergebnisse dividiert.

Zähle die Felder mit dem Symbol ♣.

Denke daran, das Ergebnis zu kürzen.

b)

Bestimme die Anzahl der Felder mit ♥ oder ♦.

c)

Bestimme zunächst die Wahrscheinlichkeit dafür, dass als Erstes ♦ aufleuchtet.

Bestimme nun die Wahrscheinlichkeit dafür, dass als Zweites ♠ aufleuchtet.

Beachte, dass ein Feld schon leuchtet und somit nur noch 19 Felder aufleuchten können.

Multipliziere die beiden Wahrscheinlichkeiten (1. Pfadregel).

d)

Diese Aufgabe kannst du mit dem Dreisatz lösen.

Im kleinen Spiel zeigen 8 von 20 Feldern ♥.

Tipps zu Aufgabe W4

a)

Finde zunächst mithilfe des Textes heraus, wie schwer das 1872 gefundene Nugget war und wie groß der prozentuale Anteil des Goldes darin ist.

b)

Lies den entsprechenden Abschnitt im Text genau.

2 440 Unzen Gold waren 2,21 Millionen Euro wert.

Berechne den Wert einer Unze.

c)

Berechne zunächst, wie viel kg Gold in dem Nugget waren.

Finde im Text heraus, wie viel Gramm eine Unze entspricht.

1 kg = 1 000 g

Löse mit dem Dreisatz oder mit der Formel.

Lösungen zum 2. Teil

2. Teil – Aufgabe 9

a)

	Super	Kosten	
: 30	30 ℓ	45,60 €	: 30
· 4	1 ℓ	1,52 €	· 4
	4 ℓ	<u>6,08 €</u>	

Henri muss 6,08 € bezahlen.

b)

	Kosten	Super	
: 45,60	45,60 €	30 ℓ	: 45,60
· 68,40	1 €	0,657… ℓ	· 68,40
	68,40 €	<u>45 ℓ</u>	

oder:

Hinweis: Aus Teilaufgabe a weißt du, dass 1 ℓ Super 1,52 € kostet.

$68,40 : 1,52 = \underline{\underline{45}}$

Sie hat 45 Liter getankt.

2. Teil – Aufgabe 10

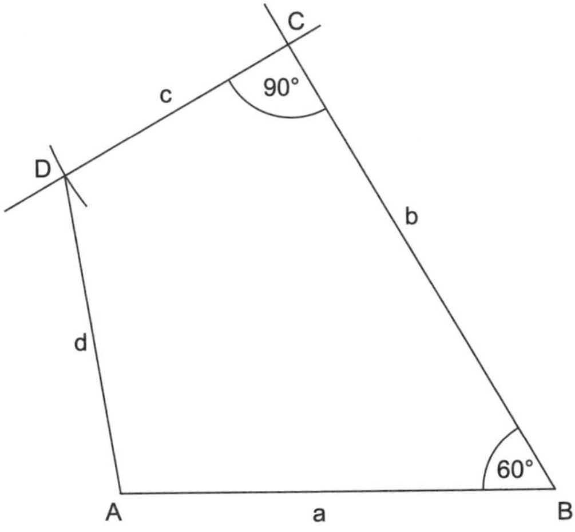

2. Teil – Aufgabe 11

a) Gesamtzahl: $54 + 126 = 180$

	Anzahl	Prozent	
	180	100 %	
: 180	1	0,555… %	: 180
· 126	126	70 %	· 126

oder:

$$p\,\% = \frac{W}{G} \cdot 100\,\%$$

$$p\,\% = \frac{126}{180} \cdot 100\,\%$$

$$\underline{\underline{p\,\% = 70\,\%}}$$

70 % der Befragten tragen immer einen Helm.

b) $100\,\% - 65\,\% = 35\,\%$

	Prozent	Anzahl	
	100 %	220	
: 100	1 %	2,2	: 100
· 35	35 %	77	· 35

oder:

$$W = G \cdot \frac{p}{100}$$

$$W = 220 \cdot \frac{35}{100}$$

$$\underline{\underline{W = 77}}$$

77 der Befragten tragen nicht immer einen Helm.

2. Teil – Aufgabe 12

gegeben: $h_{Dreieck} = 6\text{ m}$ $\quad$ $h_{Trapez} = 6\text{ m}$

$g_{Dreieck} = 6\text{ m}$ $\quad$ $a_{Trapez} = 12\text{ m}$

$c_{Trapez} = 7\text{ m}$

gesucht: Größe der Dachfläche

Lösung: $A_{Dreieck} = \frac{g \cdot h}{2}$

$$A_{Dreieck} = \frac{6\text{ m} \cdot 6\text{ m}}{2}$$

$$A_{Dreieck} = 18\text{ m}^2$$

$$A_{Trapez} = \frac{a + c}{2} \cdot h$$

$$A_{Trapez} = \frac{12\text{ m} + 7\text{ m}}{2} \cdot 6\text{ m}$$

$$A_{Trapez} = 57\text{ m}^2$$

$$A_{Dach} = 2 \cdot A_{Dreieck} + 2 \cdot A_{Trapez}$$

$$A_{Dach} = 2 \cdot 18\text{ m}^2 + 2 \cdot 57\text{ m}^2$$

$$\underline{\underline{A_{Dach} = 150\text{ m}^2}}$$

Die gesamte Dachfläche beträgt 150 m^2.

2. Teil – Aufgabe 13

gegeben: $a = 4\text{ cm}$

$h_K = 3\text{ cm}$

$\text{Masse} = 57{,}6\text{ g}$

gesucht: Dichte Pyramide

Lösung: $V_{Pyramide} = \frac{1}{3} \cdot a^2 \cdot h_K$

$$V_{Pyramide} = \frac{1}{3} \cdot (4\text{ cm})^2 \cdot 3\text{ cm}$$

$$V_{Pyramide} = 16\text{ cm}^3$$

Dichte Pyramide: $57{,}6 : 16 = 3{,}6$

oder:

	Masse	Volumen	
$\cdot 57{,}6$	57,6 g	16 cm^3	$: 57{,}6$
	1 g	3,6 cm^3	

Die Pyramide wurde aus Malachit hergestellt.

Hinweis: Bei dieser Aufgabe ist der Antwortsatz unbedingt erforderlich!

2. Teil – Aufgabe 14

a) $$22x - 12 - 7x = 8x + 9$$
$$15x - 12 = 8x + 9 \quad | -8x$$
$$7x - 12 = 9 \quad | +12$$
$$7x = 21 \quad | :7$$
$$\underline{\underline{x = 3}}$$

b) $$(-4) \cdot (-4) + 13 =$$
$$16 + 13 = \underline{\underline{29}}$$

2. Teil – Aufgabe 15

gegeben: Kathete $a = 90$ cm
Kathete $b = 50$ cm
1 Zoll $= 2{,}54$ cm

gesucht: Länge der Diagonalen d

Lösung: Satz des Pythagoras
$$d^2 = a^2 + b^2$$
$$d^2 = (90\text{ cm})^2 + (50\text{ cm})^2$$
$$d^2 = 10\,600\text{ cm}^2 \quad | \sqrt{}$$
$$d \approx 102{,}96\text{ cm}$$

$$42\text{ Zoll} = 42 \cdot 2{,}54\text{ cm} = 106{,}68\text{ cm}$$

Der Fernseher passt nicht in das Regalfach.

Hinweis: Bei dieser Aufgabe ist der Antwortsatz unbedingt erforderlich!

2. Teil – Aufgabe 16

gegeben: geschätzte Höhe der Schüssel: 14 cm $\Rightarrow$ r = 14 cm

gesucht: Volumen der Halbkugel

Lösung: $V = \frac{1}{2} \cdot \pi \cdot r^3$

$V = \frac{1}{2} \cdot \pi \cdot (14\text{ cm})^3$

$V = 4\,310{,}265\ldots \text{ cm}^3$

$V \approx 4{,}31 \text{ dm}^3 = \underline{\underline{4{,}31\,\ell}}$

Es passen ungefähr 4,3 Liter in die Schüssel.

Hinweis: Je nachdem wie die Größen geschätzt werden, erhältst du unterschiedliche Ergebnisse. Folgende Schätzwerte werden als richtig bewertet:
Höhe: 11 cm bis 16 cm
Durchmesser: 24 cm bis 32 cm

2. Teil – Aufgabe W1

a) $\underline{\underline{B(5|3)}}$

b) gegeben: $g = \overline{BD} = 4\text{ cm}$

$h = \frac{1}{2} \cdot \overline{AC} = 2\text{ cm}$

gesucht: A_{ABCD}

Lösung: $A_{ABD} = A_{BCD} = \frac{g \cdot h}{2}$

$A_{ABD} = \frac{4\text{ cm} \cdot 2\text{ cm}}{2}$

$A_{ABD} = 4\text{ cm}^2$

$A_{ABCD} = A_{ABD} + A_{BCD}$

$A_{ABCD} = 4\text{ cm}^2 + 4\text{ cm}^2$

$A_{ABCD} = \underline{\underline{8\text{ cm}^2}}$

Der Flächeninhalt beträgt 8 cm^2.

c) $360° - 90° - 37° = 233°$

$\alpha' = \gamma' = 233° : 2 = \underline{\underline{116{,}5°}}$

d) Die Grundseiten beider Dreiecke sind gleich lang. Die Höhe des Dreiecks ACE ist dreimal so lang wie die Höhe des Dreiecks ACD.
Daher ist auch der Flächeninhalt dreimal zu groß.

2. Teil – Aufgabe W2

a) $7\,°C - (-4\,°C) = 7\,°C + 4\,°C = \underline{\underline{11\,°C}}$

Der Temperaturunterschied zwischen der höchsten und der niedrigsten Temperatur beträgt 11 °C.

b) $7 + 3 + (-4) + 1 + 3 + 6 + 5 = 21\,[°C]$

$21\,°C : 7 = \underline{\underline{3\,°C}}$

Die durchschnittliche Außentemperatur beträgt 3 °C.

c) 1. $68 - 32 = 36$

$36 \cdot \frac{5}{9} = \underline{\underline{20}}$

68 °F sind umgerechnet 20 °C.

Hinweis: Bei dieser Aufgabe ist der Antwortsatz unbedingt erforderlich!

2. $\underline{\underline{\text{B}}}$

2. Teil – Aufgabe W3

a) P(♣ als erstes Feld) $= \frac{2}{20} = \underline{\underline{\frac{1}{10}}}$

b) P(♥ oder ♦ als erstes Feld) $= \frac{14}{20} = \underline{\underline{\frac{7}{10}}}$

c) $P(\blacklozenge \text{ als erstes Feld}) = \frac{6}{20} = \frac{3}{10}$

$P(\spadesuit \text{ als zweites Feld}) = \frac{4}{19}$

$P(\blacklozenge \text{ als erstes Feld, } \spadesuit \text{ als zweites Feld}) = \frac{3}{10} \cdot \frac{4}{19} = \underline{\underline{\frac{6}{95}}}$

d)

	Gesamtanzahl der Felder	Anzahl ♥	
: 20	20	8	: 20
	1	0,4	
· 50	50	$\underline{\underline{20}}$	· 50

In der XXL-Version müssten 20 Felder ♥ zeigen.

2. Teil – Aufgabe W4

a)

	Prozent	Masse	
:100	100 %	214 kg	: 100
	1 %	2,14 kg	
· 26,5	26,5 %	$\underline{\underline{56{,}71 \text{ kg}}}$	· 26,5

oder:

$W = \frac{G \cdot p}{100}$

$W = \frac{214 \text{ kg} \cdot 26{,}5}{100}$

$\underline{\underline{W = 56{,}71 \text{ kg}}}$

Das Nugget enthielt 56,71 kg Gold.

b) $2{,}21 \text{ Mio. €} : 2\,440 = 2\,210\,000 \text{ €} : 2\,440 \approx \underline{\underline{906 \text{ €}}}$

Eine Unze Gold hatte einen Wert von 906 €.

c) $2\,440 \cdot 31{,}1\text{ g} = 75\,884\text{ g} \approx 75{,}9\text{ kg}$

	Masse	Prozent	
: 90	90 kg	100 %	: 90
· 75,9	1 kg	1,11… %	· 75,9
	75,9 kg	84,33… ≈ 84 %	

oder:

$$p\,\% = \frac{W}{G} \cdot 100\,\%$$

$$p\,\% = \frac{75{,}9\text{ kg}}{90} \cdot 100\,\%$$

$$p\,\% = 84{,}33\ldots\,\%$$

$$\underline{\underline{p\,\% \approx 84\,\%}}$$

Der Anteil des Goldes betrug 84 %.

Abschlussprüfung an Hauptschulen in Hessen 2021
Mathematik

1. Teil (ohne Taschenrechner)

1. Teil – Aufgabe 1

a) $0{,}8 + 0{,}14 = \underline{\underline{0{,}94}}$

Erklärung der Lösung:
Schreibe stellengerecht untereinander. Achte darauf, dass die Kommas untereinanderstehen und ergänze bei 0,8 eine 0.

$$\begin{array}{r} 0{,}80 \\ +\,0{,}14 \\ \hline 0{,}94 \end{array}$$

b) $9 - 7{,}6 = \underline{\underline{1{,}4}}$

Erklärung der Lösung:
Schreibe zunächst die 9 als Kommazahl, indem du sie zu 9,0 ergänzt. Anschließend musst du die Zahlen wieder stellengerecht untereinanderschreiben, sodass die Kommas untereinanderstehen.

$$\begin{array}{r} 9{,}0 \\ -\,7{,}6 \\ {\scriptstyle 1} \\ \hline 1{,}4 \end{array}$$

c) $25 \cdot 4 \cdot 13 = \underline{\underline{1\,300}}$

Erklärung der Lösung:
Multipliziere zunächst die ersten beiden Faktoren, danach multiplizierst du das Ergebnis (Produkt) mit der dritten Zahl.

$25 \cdot 4 = 100$

$100 \cdot 13 = 1\,300$

d) $12{,}6 : 3 = \underline{\underline{4{,}2}}$

Erklärung der Lösung:
Dividiere schriftlich. Sobald du das Komma der ersten Zahl überschreitest, musst du im Endergebnis ein Komma setzen.

e) $8^2 = \underline{\underline{64}}$

Erklärung der Lösung:
8^2 bedeutet, dass die 8 mit sich selbst multipliziert wird, also $8^2 = 8 \cdot 8$.

1. Teil – Aufgabe 2

Alle Zutaten wiegen zusammen $\underline{\underline{3\,475}}$ g.

Erklärung der Lösung:
Gesucht ist die Menge in Gramm. Rechne also zuerst alle Angaben in Gramm um:
$1\text{ kg} = 1\,000\text{ g} \quad \Rightarrow \quad 2{,}4\text{ kg} = 2\,400\text{ g}$
Schreibe dann stellengerecht untereinander und berechne schriftlich:

$$\begin{array}{rr} & 2\,400\text{ g} \\ + & 375\text{ g} \\ + & 200\text{ g} \\ + & {}_1 500\text{ g} \\ \hline & 3475\text{ g} \end{array}$$

1. Teil – Aufgabe 3

a) Es haben $\underline{\underline{\frac{7}{20}}}$ der Schülerinnen und Schüler die Note 3 geschrieben.

Erklärung der Lösung:
Der Anteil der Personen, die eine 3 geschrieben haben, berechnet sich mit:

$$\frac{\text{Anzahl der Schüler*innen mit Note 3}}{\text{Gesamtanzahl der Schüler*innen}}$$

b) $\frac{1}{4}$ von 20 Schülerinnen und Schülern sind 5 Schülerinnen und Schüler.
Insgesamt haben 6 Schülerinnen und Schüler die Note 1 oder 2 geschrieben.
Das sind mehr als 5. Sara hat also $\underline{\underline{\text{recht}}}$.

1. Teil – Aufgabe 4

Der Motorradhelm kostet nach der Reduzierung 64 €.

Erklärung der Lösung:
Der ursprüngliche Preis des Motorradhelms entspricht 100 %. Der Preis im Winter ist 20 % niedriger und beträgt demnach nur noch 80 % des ursprünglichen Preises. Du kannst diese Aufgabe mit der Dreisatztabelle lösen.

	Prozent	Preis	
	100 %	80 €	
: 10	10 %	8 €	: 10
· 8	80 %	64 €	· 8

oder:
20 % von 80 € sind 16 €.
80 € – 16 € = 64 €

1. Teil – Aufgabe 5

Für den Eintritt müssen sie insgesamt 76 € bezahlen.

Erklärung der Lösung:
Berechne zunächst, wie viel Euro der Eintritt für einen Erwachsenen bzw. für ein Kind kostet.

Kosten für 1 Erwachsenen:	36 € : 3 = 12 €
Kosten für 1 Kind:	32 € : 4 = 8 €
Kosten für 8 Kinder:	8 · 8 € = 64 €
Kosten für 1 Erw. + 8 Kinder:	12 € + 64 € = 76 €

1. Teil – Aufgabe 6

a) A(–2 | 4)

Erklärung der Lösung:
Lies zuerst die x-Koordinate und dann die y-Koordinate des Punktes A ab.

b)

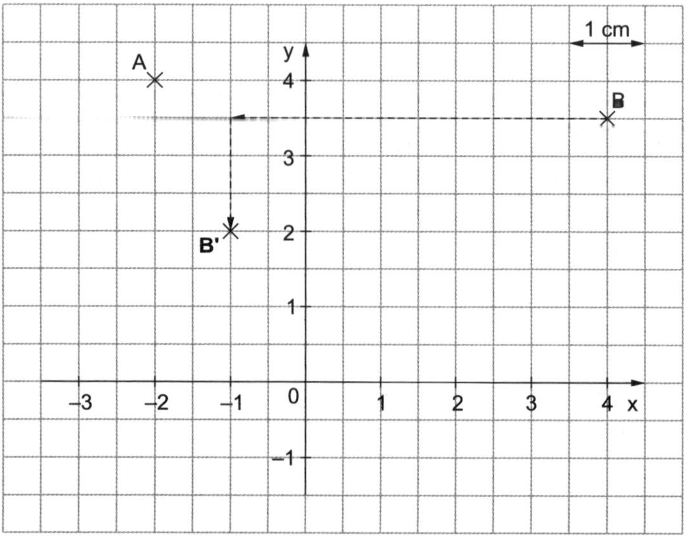

Erklärung der Lösung:
Zeichne dir die Verschiebungen ein. Achte darauf, dass 1 Einheit = 1 cm (2 Kästchen) groß ist.

1. Teil – Aufgabe 7

Der Flächeninhalt der grauen Figur beträgt $\underline{\underline{18}}$ cm^2.

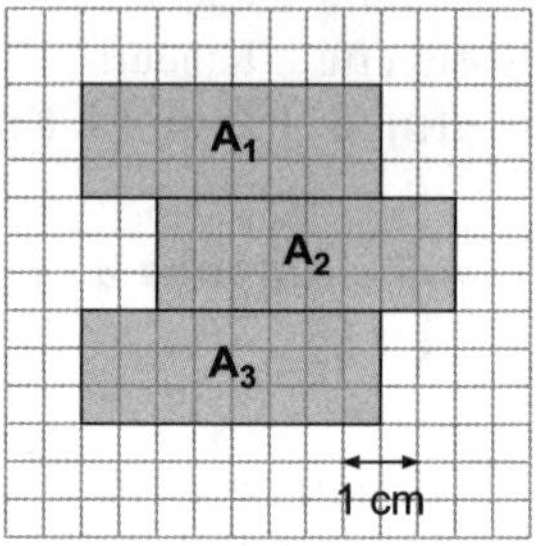

Erklärung der Lösung:
Du kannst die Figur geschickt in 3 gleich große Rechtecke aufteilen.
Berechne den Flächeninhalt eines Rechtecks.
$A_1 = 4\text{ cm} \cdot 1{,}5\text{ cm} = 6\text{ cm}^2$
Da alle Rechtecke gleich groß sind, gilt:
$A_1 = A_2 = A_3 = 6\text{ cm}^2$
$A_{\text{graue Fläche}} = 6\text{ cm}^2 + 6\text{ cm}^2 + 6\text{ cm}^2 = 18\text{ cm}^2$
oder:
Verschiebe die Fläche A_2 gedanklich um 2 Kästchen nach links, dann erhältst du ein Rechteck mit den Seitenlängen 4 cm und 4,5 cm.
$A_{\text{graue Fläche}} = 4\text{ cm} \cdot 4{,}5\text{ cm} = 18\text{ cm}^2$

1. Teil – Aufgabe 8

a) Es können insgesamt $\underline{\underline{36}}$ Würfel in dieser Box gestapelt werden.

Erklärung der Lösung:
Überlege zunächst, wie viele Würfel auf der untersten Ebene liegen können.
Überlege dann, wie viele Ebenen übereinandergestapelt werden können.
Die unterste Ebene besteht aus $3 \cdot 3 = 9$ Würfeln.
Es gibt insgesamt 4 Ebenen, daher also zusammen $4 \cdot 9 = 36$ Würfel.

b) Es fehlen $\underline{\underline{15}}$ Würfel.

Erklärung der Lösung:
Zähle die vorhandenen Würfel (Achtung, nicht alle Würfel sind sichtbar!) und berechne, wie viele zur maximalen Anzahl (siehe Aufgabe a) fehlen.

1. Ebene:	9 Würfel
2. Ebene:	6 Würfel
3. Ebene:	4 Würfel
4. Ebene:	2 Würfel
zusammen:	21 Würfel

$36 - 21 = 15$

Lösungs-Tipps zum 2. Teil

Die folgenden Tipps verraten dir schrittweise einen möglichen Lösungsweg. Lies also den zweiten Tipp erst, wenn du mit dem vorherigen nicht weitergekommen bist.

Tipps zu Aufgabe 9

a)

Du kannst die Aufgabe mit dem Dreisatz lösen.

b)

Berechne zunächst, wie viel Pfand Hannah für die 6 Plastikflaschen bekommt.

Der übrige Pfandbetrag verteilt sich auf die 13 Glasflaschen.

Tipps zu Aufgabe 10

a)

1. Zeichne zuerst die Seite $c = 6$ cm mit den Punkten A und B.

   Zeichne die Höhe $h_c = 6{,}5$ cm zur Seite c. Du erhältst Punkt C.

   Die Höhe steht im gleichschenkligen Dreieck auf dem Mittelpunkt der Grundseite.

   Verbinde die Punkte A und C sowie die Punkte B und C.

2. Der Flächeninhalt eines Dreiecks berechnet sich mit folgender Formel:

   $$A = \frac{c \cdot h_c}{2}$$

   Setze für c und h_c die gegebenen Werte ein.

b)

In einem gleichschenkligen Dreieck sind die beiden Basiswinkel (Winkel an der Grundseite c) gleich groß, das heißt, es gilt $\alpha = \beta$.

Die Innenwinkelsumme eines Dreiecks beträgt immer 180°.

Tipps zu Aufgabe 11

a)

Den Anteil kannst du mithilfe des Dreisatzes oder der Prozentformel berechnen.

b)

Berechne mithilfe des Dreisatzes oder der Prozentformel.

Tipps zu Aufgabe 12

a)

1. Die Wahrscheinlichkeit bestimmt man, indem man die Anzahl der günstigen Ereignisse durch die Anzahl aller möglichen Ereignisse dividiert.

   Bestimme die Anzahl der Zweier.

2. Wie viele Zahlen auf dem Würfel sind kleiner als 3?

b)

Bestimme zunächst die Wahrscheinlichkeit für die Augenzahl 1.

Wende dann die 1. Pfadregel an.

Tipps zu Aufgabe 13

Berechne zunächst das Volumen des Quaders mithilfe der Formel $V_{Quader} = a \cdot b \cdot c$.

Rechne dein Ergebnis anschließend von cm^3 in Liter um.

$1 \text{ Liter} = 1 \text{ dm}^3 = 1\,000 \text{ cm}^3$

Multipliziere das Volumen (in Litern) mit den Kosten pro Liter (0,4 Cent).

Runde das Ergebnis auf ganze Cent und denke an den Antwortsatz.

Tipps zu Aufgabe 14

Fasse auf der linken Seite der Gleichung so weit wie möglich zusammen.

Sortiere die Gleichung, sodass alle Terme mit Variable auf der linken und alle Terme ohne Variable auf der rechten Seite stehen.

Anschließend isoliere die Variable x, indem du durch den Faktor vor dem x dividierst.

Tipps zu Aufgabe 15

a)

In der Darstellung erkennst du ein rechtwinkliges Dreieck.

Die gesuchte Seite x ist die Hypotenuse.

Rechne mit dem Satz des Pythagoras.

b)

Berechne die Fläche mithilfe der Flächeninhaltsformel für ein Rechteck $A = a \cdot b$.

Tipps zu Aufgabe 16

Der Koffer hat die Form eines Quaders.

Schätze die Höhe, Tiefe und Breite des Koffers.

Als Hilfe dient dir die daneben abgebildete Person.

Du kannst deine eigene Körpergröße als Vergleichsgröße nehmen.

Berechne mit den entsprechenden Schätzwerten das Volumen des Quaders.

Rechne anschließend in Liter um: $1\ \ell = 1\ dm^3 = 1\,000\ cm^3$

Tipps zu Aufgabe W1

a)

1. Zeichne zuerst die Seite $a = 5$ cm mit den Punkten A und B.
   Trage den Winkel $\alpha = 60°$ in Punkt A an.
   Achte dabei auf die richtige Skala am Geodreieck.
   Miss $d = 4$ cm auf dem freien Schenkel von α ab. Du erhältst Punkt D.
   Ziehe einen Kreisbogen um B mit Radius $b = d = 4$ cm.
   Ziehe einen Kreisbogen um D mit Radius $c = a = 5$ cm.
   Der (obere) Schnittpunkt der beiden Bögen ist Punkt C des Parallelogramms.
2. In einem Parallelogramm sind die gegenüberliegenden Seiten gleich lang.
   Es gilt also: $a = c$ und $b = d$

b)

Überlege dir, welche Eigenschaften ein Parallelogramm bezüglich seiner Seiten hat.

Bei dem hinzugefügten Dreieck handelt es sich um ein spezielles Dreieck, bei dem nicht nur die drei Innenwinkel gleich groß sind.

Tipps zu Aufgabe W2

a)

Berechne die Oberfläche der Kugel mithilfe der Oberflächenformel $O_{Kugel} = 4 \cdot \pi \cdot r^2$.

b)

Überlege, wie „breit" die Kugel ist, wenn der Radius 8 cm beträgt.

c)

1. Berechne das Volumen der Kugel mithilfe der Volumenformel:
   $$V_{Kugel} = \frac{4}{3} \cdot \pi \cdot r^3$$
2. Verdopple den Radius der Kugel und berechne das neue Volumen.
   Zeige, dass dieses Volumen achtmal so groß ist wie das Volumen der kleineren Kugel (aus 1).

Tipps zu Aufgabe W3

a)

1. Die Wahrscheinlichkeit bestimmt man, indem man die Anzahl der günstigen Ereignisse durch die Anzahl aller möglichen Ereignisse dividiert.
2. „Keine Gabel“ bedeutet, man zieht entweder einen Löffel oder ein Messer.

b)

Bestimme zunächst die Wahrscheinlichkeit, dass als Erstes ein Messer gezogen wird.

Bestimme nun die Wahrscheinlichkeit, dass im zweiten Zug eine Gabel gezogen wird.

Beachte, dass bereits ein Besteckteil gezogen wurde und sich dieses nicht mehr im Krug befindet.

Wende die 1. Pfadregel an.

c)

Überlege, wie oft du „kein Messer“ ziehen kannst.

Wenn du alle Löffel und alle Gabeln herausgezogen hast, kannst du nur noch ein Messer ziehen.

d)

Beim dritten Zug sind noch insgesamt 10 Besteckteile im Krug.

Überlege, wie viele Gabeln im Krug sein müssen, wenn die Wahrscheinlichkeit, eine Gabel zu ziehen, bei 30 % liegt.

Wandle dazu die 30 % zunächst in einen Bruch um und kürze.

Tipps zu Aufgabe W4

a)

Lies die Höhe auf der linken Achse (y-Achse) des Diagramms ab.

b)

Suche den Bereich, in dem der Graph weder steigt noch fällt.

c)

1. Lies an der x-Achse ab, nach wie viel Kilometern sie die Grabenhäuslhütte bzw. Urschlau erreicht haben.

   Die Differenz zwischen den Kilometerangaben entspricht der Entfernung.
2. Du kannst den Dreisatz oder die Lösungsformel verwenden.

d)

Berechne zunächst, wie groß der Höhenunterschied zwischen der Eschelmooshütte und dem Parkplatz ist.

Die Fahrzeit erhältst du, indem du den Höhenunterschied durch den „Höhenverlust“ pro Minute dividierst.

Lösungen zum 2. Teil

2. Teil – Aufgabe 9

a)

	Anzahl Flaschen	Pfand	
: 18	18	4,50 €	: 18
· 7	1	0,25 €	· 7
	7	1,75 €	

Lena bekommt 1,75 € Pfand.

b) Pfand für alle Plastikflaschen:

	Anzahl Flaschen	Pfand	
· 6	1	0,25 €	· 6
	6	1,50 €	

Pfand für alle Glasflaschen: $2,54\,€ - 1,50\,€ = 1,04\,€$

Pfand für eine Glasflasche: $1,04\,€ : 13 = \underline{\underline{0,08\,€}}$

2. Teil – Aufgabe 10

a) 1.

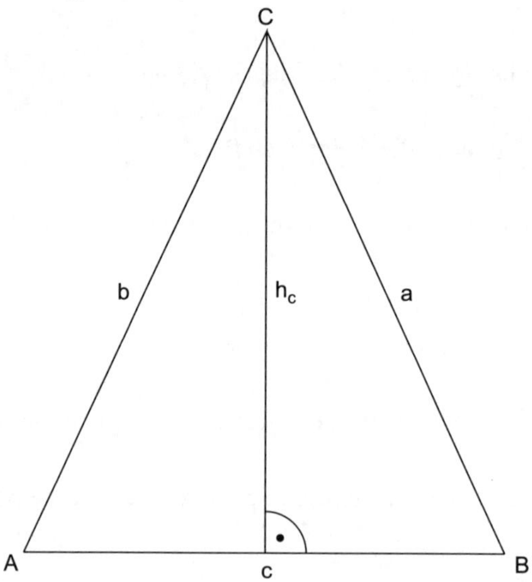

2. gegeben: $c = 6\ \text{cm}$
$h_c = 6{,}5\ \text{cm}$

gesucht: Flächeninhalt A

Lösung: $A = \dfrac{c \cdot h_c}{2}$

$A = \dfrac{6\ \text{cm} \cdot 6{,}5\ \text{cm}}{2}$

$\underline{\underline{A = 19{,}5\ \text{cm}^2}}$

b) $\alpha = \beta = 30° \Rightarrow \alpha + \beta + \gamma = 30° + 30° + 100° = 160°$

Chris hat nicht recht, die Innenwinkelsumme im Dreieck muss 180° betragen.

oder:

$(180° - 100°) : 2 = 40°$

Chris hat nicht recht, denn der Winkel beträgt 40°.

2. Teil – Aufgabe 11

a)

	Gramm	Prozent	
:8 ↓	800 g	100 %	↓ :8
	100 g	12,5 %	
·3 ↓	300 g	$\underline{\underline{37{,}5\ \%}}$	↓ ·3

oder:

$p\ \% = \dfrac{W}{G} \cdot 100\ \%$

$p\ \% = \dfrac{300}{800} \cdot 100\ \%$

$\underline{\underline{p\ \% = 37{,}5\ \%}}$

37,5 % sind Kohlenhydrate.

b)

	Prozent	Gramm	
:100 ↓	100 %	125 g	↓ :100
	1 %	1,25 g	
·28 ↓	28 %	$\underline{\underline{35\ \text{g}}}$	↓ ·28

oder:

$$W = G \cdot \frac{p}{100}$$

$$W = 125\ g \cdot \frac{28}{100}$$

$$\underline{\underline{W = 35\ g}}$$

Es sind 35 g Eiweiß enthalten.

2. Teil – Aufgabe 12

a) 1. $P(\text{Augenzahl } 2) = \underline{\underline{\frac{2}{6} = \frac{1}{3}}}$

2. $P(\text{Augenzahl kleiner als } 3) = \underline{\underline{\frac{5}{6}}}$

b) $P(\text{Augenzahl } 1) = \frac{3}{6} = \frac{1}{2}$

$P(\text{zweimal hintereinander Augenzahl } 1) = \frac{3}{6} \cdot \frac{3}{6} = \underline{\underline{\frac{9}{36} = \frac{1}{4}}}$

Die Brüche müssen **nicht** gekürzt werden.

2. Teil – Aufgabe 13

gegeben: $a = 10\ cm$
$b = 42\ cm$
$c = 30\ cm$

gesucht: Kosten pro Spülvorgang

Lösung: $V_{Quader} = a \cdot b \cdot c$
$V_{Quader} = 10\ cm \cdot 42\ cm \cdot 30\ cm$
$V_{Quader} = 12\,600\ cm^3 = 12{,}6\ dm^3 = 12{,}6\ \ell$

$$12{,}6\ \ell \cdot 0{,}4\ \frac{ct}{\ell} = 5{,}04\ ct \approx \underline{\underline{5\ ct}}$$

Ein Spülvorgang kostet etwa 5 Cent.

2. Teil – Aufgabe 14

$$
\begin{aligned}
12x - 4 + 5x &= 51 + 6x \\
17x - 4 &= 51 + 6x \quad && | -6x \\
11x - 4 &= 51 \quad && | +4 \\
11x &= 55 \quad && | :11 \\
\underline{\underline{x}} &\underline{\underline{= 5}}
\end{aligned}
$$

2. Teil – Aufgabe 15

a) gegeben: $a = 16\text{ m}$
$b = 6{,}5\text{ m}$

gesucht: Länge der Seite x

Lösung: Satz des Pythagoras

$$
\begin{aligned}
x^2 &= a^2 + b^2 \\
x^2 &= (16\text{ m})^2 + (6{,}5\text{ m})^2 \\
x^2 &= 298{,}25\text{ m}^2 \\
x &= 17{,}269\ldots\text{ m} \\
\underline{\underline{x}} &\underline{\underline{\approx 17{,}27\text{ m}}}
\end{aligned}
$$

b) gegeben: $a = 16\text{ m}$
$x = b = 17{,}27\text{ m}$

gesucht: Größe der Dachfläche (Rechteck)

Lösung:

$$
\begin{aligned}
A_{\text{Dachfläche}} &= a \cdot b \\
A_{\text{Dachfläche}} &= 12{,}00\text{ m} \cdot 17{,}27\text{ m} \\
\underline{\underline{A_{\text{Dachfläche}}}} &\underline{\underline{= 207{,}24\text{ m}^2}}
\end{aligned}
$$

2. Teil – Aufgabe 16

gegeben: geschätzte Höhe: 70 cm
geschätzte Tiefe: 40 cm
geschätzte Breite: 50 cm

gesucht: Volumen des Koffers (Quader) in Litern

Lösung: $V_{Koffer} = a \cdot b \cdot c$

$V_{Koffer} = 70\text{ cm} \cdot 40\text{ cm} \cdot 50\text{ cm}$

$V_{Koffer} = 140\,000\text{ cm}^3 = 140\text{ dm}^3$

$\underline{\underline{V_{Koffer} = 140\ \ell}}$

Je nach geschätzten Längen bekommst du ein verändertes Ergebnis heraus. Folgende Schätzwerte werden als richtig bewertet:
Höhe: 60 cm bis 90 cm
Tiefe: 30 cm bis 60 cm
Breite: 40 cm bis 60 cm

2. Teil – Aufgabe W1

a) 1.

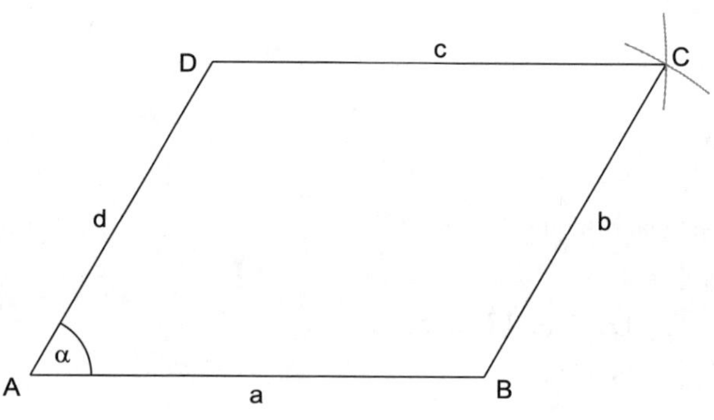

2. gegeben: $a = c = 5\text{ cm}$
$d = b = 4\text{ cm}$

gesucht: Umfang u

Lösung: $u = a + b + c + d$

$u = 5\text{ cm} + 4\text{ cm} + 5\text{ cm} + 4\text{ cm}$

$\underline{\underline{u = 18\text{ cm}}}$

b) In einem Parallelogramm sind die gegenüberliegenden Seiten gleich lang, also gilt $d = b$.

Bei einem Dreieck, bei dem alle Winkel gleich groß (also 60° groß) sind, sind auch alle Seiten gleich lang. Es handelt sich also um ein gleichseitiges Dreieck und es gilt $b = x$.

Somit gilt auch $d = x$.

2. Teil – Aufgabe W2

a) gegeben: $r = 8$ cm

gesucht: Oberfläche O der Kugel

Lösung:
$$O_{Kugel} = 4 \cdot \pi \cdot r^2$$
$$O_{Kugel} = 4 \cdot \pi \cdot (8\text{ cm})^2$$
$$O_{Kugel} = 804{,}247\ldots\text{ cm}^2$$
$$\underline{\underline{O_{Kugel} \approx 804\text{ cm}^2}}$$

b) Die Kugel ist mit einem Durchmesser von 16 cm zu groß.

c) 1. gegeben: $r = 8$ cm

gesucht: Volumen V der Kugel

Lösung:
$$V_{Kugel} = \frac{4}{3} \cdot \pi \cdot r^3$$
$$V_{Kugel} = \frac{4}{3} \cdot \pi \cdot (8\text{ cm})^3$$
$$V_{Kugel} = 2\,144{,}660\ldots\text{ cm}^3$$
$$\underline{\underline{V_{Kugel} \approx 2\,144{,}7\text{ cm}^3}}$$

2. gegeben: $r = 16$ cm

gesucht: Volumen V der großen Kugel

Lösung:
$$V_{\text{große Kugel}} = \frac{4}{3} \cdot \pi \cdot (16\text{ cm})^3$$
$$V_{\text{große Kugel}} = 17\,157{,}284\ldots\text{ cm}^3$$
$$V_{\text{große Kugel}} \approx 17\,157\text{ cm}^3$$

$$8 \cdot V_{Kugel} = 8 \cdot 2\,144{,}7\text{ cm}^3 = 17\,157{,}6\text{ cm}^3 \approx V_{\text{große Kugel}}$$

2. Teil – Aufgabe W3

a) 1. $P(\text{Löffel}) = \frac{3}{12} = \underline{\underline{\frac{1}{4}}}$

2. $P(\text{keine Gabel}) = \frac{8}{12} = \underline{\underline{\frac{2}{3}}}$

b) $P(\text{Messer als Erstes}) = \frac{5}{12}$

$P(\text{Gabel als Zweites}) = \frac{4}{11}$

$P(\text{Messer als Erstes, Gabel als Zweites}) = \frac{5}{12} \cdot \frac{4}{11} = \underline{\underline{\frac{20}{132} = \frac{5}{33}}}$

Die Brüche müssen **nicht** gekürzt werden.

c) Wenn man insgesamt <u>8 Besteckteile</u> zieht, ist mit Sicherheit (mindestens) ein Messer dabei.

d) Mögliche Kombinationen:
<u>Gabel, Messer</u> oder <u>Messer, Gabel</u> oder <u>Gabel, Löffel</u> oder <u>Löffel, Gabel</u>

Begründung:

$30\,\% = \frac{30}{100} = \frac{3}{10}$

Beim dritten Zug sind von 10 Besteckteilen noch genau 3 Gabeln im Krug (im Vergleich zu 4 Gabeln am Anfang), das heißt, dass mit den 2 Besteckteilen genau eine Gabel aus dem vollen Krug herausgezogen wurde.

2. Teil – Aufgabe W4

a) Die Grabenhäuslhütte liegt auf einer Höhe von <u>900 m</u>.

b) In Abschnitt <u>D</u> sind Tobi und Lars weder bergauf noch bergab gefahren.

c) 1. Grabenhäuslhütte bei 5 km
Urschlau bei 20 km

$20\text{ km} - 5\text{ km} = \underline{\underline{15\text{ km}}}$

Die Wegstrecke beträgt 15 km.

2.

	Strecke	Prozent	
:35 ↓	35 km	100 %	↓ :35
	1 km	2,857… %	
· 15 ↓	15 km	$42{,}857\ldots \approx \underline{\underline{43\ \%}}$	↓ · 15

oder:

$p\ \% = \frac{W}{G} \cdot 100\ \%$

$p\ \% = \frac{15}{35} \cdot 100\ \%$

$p\ \% = 42{,}857\ldots\ \%$

$\underline{\underline{p\ \% \approx 43\ \%}}$

Die Wegstrecke macht 43 % der Gesamtstrecke aus.

d) Eschelmooshütte: 1 100 m
Parkplatz: 600 m

$1\,100\text{ m} - 600\text{ m} = 500\text{ m}$

$500\text{ m} : 25\,\frac{\text{m}}{\text{min}} = \underline{\underline{20\text{ min}}}$

Er hat 20 Minuten gebraucht.

Abschlussprüfung an Hauptschulen in Hessen 2022
Mathematik

Um dir die Lösungen zur Prüfung 2022 schnellstmöglich zur Verfügung stellen zu können, bringen wir sie in digitaler Form heraus.

Sobald die Original-Prüfungsaufgaben 2022 zur Veröffentlichung freigegeben sind, können die dazugehörigen Lösungen als PDF auf der Plattform **MyStark** heruntergeladen werden (Zugangscode vgl. Umschlaginnenseite).

Prüfung 2022

www.stark-verlag.de/mystark

Abschlussprüfung an Hauptschulen in Hessen 2018
Deutsch – Text 1

Teil I: Lesen

Hinweis: *Für alle Aufgaben gilt: Du findest die Antworten* ***in der Reihenfolge der Aufgaben*** *im Text. Lies den Text gründlich. Kläre unbekannte Wörter mithilfe des Wörterbuchs oder indem du ihre Bedeutung aus dem Textzusammenhang erschließt.* ***Suche Textstellen****, die dir helfen, die Sätze richtig zu vervollständigen. Die vorliegende Geschichte besteht aus einer Rahmen- und einer Binnenhandlung. Die Rahmenhandlung spielt in einer Gaststätte. Ein alter Mann spricht den Ich-Erzähler an und äußert seine Meinung zum Thema Glück. Es kommt zu einem Gespräch zwischen beiden. Das märchenhafte Erlebnis, von dem der alte Mann erzählt, ist die Binnenhandlung. Er berichtet dem Ich-Erzähler davon, wie er selbst als junger Mann von einem alten Mann drei Wünsche angeboten bekam, von denen sich zwei erfüllten.*

1. a) Der Erzähler trifft in einer Kneipe …
   - ☐ den Weihnachtsmann.
   - ☒ einen alten Mann.
   - ☐ seinen Großvater.
   - ☐ einen jungen Mann.

   Hinweis: *vgl. Z. 1–3*

   b) Der Mann aus der Kneipe berichtet dem Erzähler …
   - ☐ von einer Räucherwurst.
   - ☐ vom Winter im Park.
   - ☐ vom Weihnachtsmann.
   - ☒ von einer Begegnung im Park.

   Hinweis: *vgl. Z. 26–30*

   c) Der junge Mann im Park ist …
   - ☒ unglücklich.
   - ☐ glücklich.
   - ☐ verrückt.
   - ☐ belesen.

   Hinweis: *vgl. Z. 24–26*

d) Als der junge Mann im Park seinen ersten Wunsch äußert, ist der alte Mann plötzlich …

- [ ] wieder da.
- [ ] sehr verärgert.
- [x] verschwunden.
- [ ] leicht versengt.

Hinweis: *vgl. Z. 72/73*

e) Der junge Mann wünscht sich den Mann mit den „Apfelbäckchen" wieder zurück auf die Parkbank, weil er …

- [x] ein schlechtes Gewissen hat.
- [ ] sich nett mit ihm unterhalten hat.
- [ ] Schulden bei ihm hat.
- [ ] sich allein langweilt.

Hinweis: *vgl. Z. 79–100*

f) Im hohen Alter hat der Mann aus der Kneipe …

- [ ] keinen Wunsch mehr frei.
- [x] noch einen Wunsch frei.
- [ ] noch zwei Wünsche frei.
- [ ] noch alle drei Wünsche frei.

Hinweis: *vgl. Z. 150/151*

2. a) „… und litt am Leben wie an einer geschwollenen Backe." (Z. 25 f.) bedeutet hier, dass der Mann auf der Parkbank …

- [ ] eine Zahnentzündung hat.
- [x] Kummer hat.
- [ ] rote Apfelbäckchen hat.
- [ ] Glück hat.

Hinweis: *Dieser Vergleich drückt aus, dass er am Leben litt, wie man an Zahnschmerzen leiden würde.*

b) „weißwattiertes Großvatermündchen" (Z. 61) bedeutet hier, dass sein Mund …

- [ ] voller Watte ist.
- [ ] eine weiße Farbe hat.

☒ von einem Bart umrahmt ist.
☐ sehr faltig ist.

Hinweis: *Der alte Mann hat einen weißen Vollbart, der an Christbaumwatte erinnert. (vgl. Z. 38/39)*

c) „schaudernd“ (Z. 97) bedeutet hier, dass der junge Mann …
☐ friert.
☐ schwitzt.
☐ schuldig ist.
☒ sich gruselt.

Hinweis: *Der junge Mann gruselt sich, weil er sich vorstellt, wie der alte Mann in der Hölle leidet.*

d) „verschleudert“ (Z. 104) bedeutet hier, dass der Mann auf der Parkbank …
☒ einen Wunsch verschwendet hat.
☐ sich noch einen Wunsch bewahrt hat.
☐ einen Wunsch gut genutzt hat.
☐ schon viele Wünsche geäußert hat.

Hinweis: *Der junge Mann auf der Parkbank hat einen Wunsch verschwendet, weil er damit lediglich den ersten unüberlegten Wunsch wieder rückgängig gemacht hat.*

3. ***Hinweis:*** *Lies im Text nach und* ***unterstreiche*** *die Sätze, die deiner Meinung nach den Sinn der vorgegebenen Sätze wiedergeben.* ***Vergleiche*** *anschließend die unterstrichenen Sätze mit den vorgegebenen Sätzen und* ***überprüfe****, ob tatsächlich der* ***gesamte Satz*** *Ähnliches ausdrückt. Schreibe die* ***Zeilenangaben*** *in die Tabelle. Achte darauf, die Zeilen ganz* ***genau*** *zu nennen, das heißt, du musst die Zeile nennen, in der das* ***erste Wort*** *des Satzes steht, und die Zeile, in der das* ***letzte Wort*** *des Satzes steht. Die vorgegebenen Aussagen sind in der* ***Reihenfolge*** *aufgeführt, in der sie* ***im Text vorkommen****.*

Aussage	**Zeile(n)**
Es ist uns lästig, dass du so frustriert bist.	Z. 36/37 (Deine Unzufriedenheit … die Nerven. – *Das Wort „frustriert“ bedeutet „enttäuscht“; das passt zum Begriff „Unzufriedenheit“ im Text.)*

Vor Entsetzen wurde mir ganz schlecht.	Z. 75/76 (Mir wurde ganz übel vor lauter Schreck.)
Ich bat stammelnd um Verzeihung.	Z. 124/125 (Ich stotterte eine Entschuldigung. – *stammelnd = stotternd*)
Sein einnehmendes Lächeln brachte mich beinahe zum Weinen.	Z. 130–132 (Er lächelte … die Tränen kamen. – *einnehmend = freundlich*)

4. ***Hinweis:*** *Lies die Aussagen* ***A–D*** *durch und prüfe, ob du sie im Text findest. Manche Aussagen wirst du gar nicht finden, dann sind sie falsch. Zu anderen Aussagen findest du möglicherweise ähnliche Formulierungen, die aber nicht dasselbe meinen, also ebenfalls falsch sind. Notiere von A–D, ob die Aussage richtig oder falsch ist und kreuze dann darunter den* ***richtigen Buchstaben*** *bzw. die* ***richtige Buchstabenkombination*** *an.*

a) ☐ Nur A und B stehen im Text.
☐ Nur B und C stehen im Text.
☐ Nur C und D stehen im Text.
☒ Nur D steht im Text.

Hinweis: *Richtig ist:* ***Nur D steht im Text*** *(vgl. Z. 37–39). Antworten A und B stehen nicht im Text. Antwort C ist falsch: In der Anmerkung „in Zivil" unter dem Text wird dies ausgeschlossen.*

b) ☐ Nur A und B stehen im Text.
☒ Nur A und C stehen im Text.
☐ Nur B und D stehen im Text.
☐ Nur C und D stehen im Text.

Hinweis: *Richtig ist:* ***Nur A und C stehen im Text.*** *Zu A: vgl. Z. 21/22. Zu C: vgl. Z. 132/133. Antworten B und D stehen nicht im Text.*

5. ***Hinweis:*** *Du hast den Text gründlich gelesen und dich bereits umfassend damit beschäftigt, es sollte also nicht allzu schwer sein, die Vorkommnisse in die* ***richtige Reihenfolge*** *zu bringen. Wenn du unsicher bist, schau noch einmal in den Text. Unterstreiche Textstellen, die dir helfen, diese Aufgabe zu lösen. Lies abschließend die Sätze in der Reihenfolge deiner Nummerierung und überprüfe die* ***Logik*** *der inhaltlichen Abfolge. Beachte hier, dass es sich um eine Erzählung mit einer Rahmenhandlung handelt.*

Vorkommnis	Nummerierung
Ein letzter Wunsch wird bewahrt.	**5** (Übergang zur Rahmenhandlung, vgl. Z. 150/151)
Ein alter Mann verschwindet plötzlich von der Parkbank.	**4** (Erster Wunsch, vgl. Z. 72–74)
Zwei Männer begegnen sich in einer Kneipe.	**1** (Beginn der Rahmenhandlung, vgl. Z. 1–3)
Der alte Mann verlässt die Kneipe.	**6** (Ende der Rahmenhandlung, vgl. Z. 154–156)
Drei Wünsche werden gewährt.	**3** (Beginn des Märchens, vgl. Z. 30)
Ein unglücklicher junger Mann sitzt auf einer Parkbank.	**2** (Beginn der Märchenerzählung, vgl. Z. 24–28)

6. ***Hinweis:*** *Beim Zitieren schreibst du eine Textstelle wortwörtlich ab. Beachte dabei unbedingt die Regeln fürs* ***Zitieren:*** *An den Anfang und das Ende des Zitats setzt du* ***Anführungszeichen****. Außerdem nennst du die* ***Zeile****, in der die Textstelle beginnt und die, mit der sie endet. Für beides, die korrekten Anführungszeichen und die richtige Zeilenangabe, gibt es jeweils einen Punkt. Die zitierte Textstelle kann, muss aber kein ganzer Satz sein. Wenn du innerhalb eines Zitats Wörter auslässt, markierst du dies mit Auslassungspunkten in einer eckigen Klammer: […].*
Stelle dir einen Weihnachtsmann vor und suche ***zwei*** *Textstellen, die zeigen, warum der alte Mann an einen Weihnachtsmann erinnert.*

Mögliche Lösungen:

- „Er sah aus wie der Weihnachtsmann in Zivil.“ (Z. 37/38)
- „Weißer Vollbart, rote Apfelbäckchen, Augenbrauen wie aus Christbaumwatte.“ (Z. 38/39)
- „sein weißwattiertes Großvatermündchen“ (Z. 61)
- „Mit seinen hübschen, roten Apfelbäckchen?“ (Z. 96)
- „Die buschigen weißen Augenbrauen“ (Z. 116)
- „der schöne Vollbart“ (Z. 117/118)

7. *Hinweis: Eine mögliche Bedeutung des Begriffs „Märchen“ ist die* ***Textsorte****, die du durch Erzählen, Vorlesen und den Unterricht kennst. Eine andere ist die umgangssprachliche Verwendung von „Märchen“ im Sinne von* ***„Unsinn, Schwindel, nur ausgedacht“****.* ***Erkläre*** *den Titel „Das Märchen vom Glück“ in Bezug auf beide Bedeutungen und beziehe dich dabei auf den Text. Hier sind keine Zitate nötig.*

- **Die Textsorte „Märchen“**
  Die Textsorte „Märchen“ hat bestimmte Merkmale. In der Regel wird von wundersamen Dingen berichtet; hier werden dem Mann drei Wünsche gewährt. Auch bestimmte Zahlen kommen im Märchen häufig vor, z. B. die Zahl Drei. Die Figur des alten Mannes mit dem weißen Bart ist ebenso eine typische Märchenfigur und auch die Hölle ist als ein Ort zu verstehen, der nur im Märchen vorkommt. Der Inhalt der Geschichte ist ebenfalls märchenhaft: die sofortige Erfüllung des ersten Wunsches, der alte Mann verschwindet und landet in der Hölle, sowie seine ebenso schnelle Wiederkehr als Erfüllung des zweiten Wunsches. In diesem Sinn gehört das „Märchen vom Glück“ zur Textsorte „Märchen“.

- **Märchen im Sinne von „Unsinn, Schwindel, nur ausgedacht“**
  Manchmal sagt man: „Erzähl doch keine Märchen!“ Man meint damit, dass jemand nicht die Wahrheit sagt und lügt oder eine erfundene Geschichte erzählt. Die Geschichte, die der alte Mann in der Kneipe erzählt, könnte eine Fantasiegeschichte in diesem Sinn, also ein Märchen sein.

  auch möglich:
  Den Begriff „Märchen“ in der Bedeutung von „Unsinn“, „Einbildung“ oder sogar „Schwindel“ kann man auch auf das Glück beziehen. Dann würde es bedeuten, dass „Glück“ ein Märchen im Sinne von Einbildung ist und dass es „Glück“ nicht wirklich gibt. Das würde zum Schluss der Geschichte passen, denn wir erfahren nicht, ob der Mann durch die gewährten Wünsche oder durch den aufbewahrten Wunsch schließlich wirklich glücklich geworden ist. Als der Erzähler am Ende fragt: „Seitdem sind Sie glücklich?“ (Z. 146), antwortet der alte Mann mit einer Frage: „Glücklich?“

8. *Hinweis: Ob du der Aussage zustimmst oder sie ablehnst, hat mit deiner* ***persönlichen Einstellung*** *und deinen Erfahrungen mit erfüllten bzw. unerfüllten Wünschen zu tun.* ***Entscheide dich für oder gegen*** *die Aussage und* ***begründe deine Meinung****. Hier ist kein Textbezug notwendig, du kannst dich auf Beispiele*

aus deinem eigenen Leben beziehen. Es ist sowohl möglich, in der Ich-Form zu schreiben, als auch, das neutrale „man“ zu verwenden.

Zustimmung
Wenn ich mir etwas wünsche, dann ist diese Sache für mich wertvoll. Es kann etwas sein, dass man kaufen kann, oder ein Ziel, dass ich in näherer oder fernerer Zukunft erreichen will. Ich stelle es mir immer wieder vor und male es mir aus. In meiner Fantasie ist es perfekt. Ich strenge mich an und arbeite darauf hin, z. B. indem ich spare, trainiere oder lerne. Der Wunsch kann mir Hoffnung und Kraft geben. Vielleicht träume ich auch nur immer wieder davon und genieße die Möglichkeiten, die ich in der Vorstellung variieren kann. Wenn der Wunsch erfüllt würde, käme ich in der Realität an. Vielleicht hätte ich einen wunderbaren Moment, aber was würde dann folgen? Die Wirklichkeit ist oft ernüchternd. Nicht umsonst enden viele Liebesfilme mit dem ersten langen Kuss.

Ablehnung
Diese Aussage bedeutet, dass man Wünsche ewig aufbewahren soll. Dem kann ich nicht zustimmen. Dann würde man niemals erfahren, wie sich die Erfüllung des Wunsches anfühlt. An manchen Dingen kann man sich z. B. nur freuen, wenn man jung oder gesund genug ist. Es kann sein, dass es irgendwann zu spät ist. Natürlich muss man nicht jeden Wunsch sofort erfüllt bekommen, aber es kann viel Freude bringen, wenn man sich ein lang ersehntes Elektrogerät oder Kleidungsstück gönnt oder es geschenkt bekommt. Auch der Wunsch nach einem guten Schulabschluss ergibt nur Sinn, wenn er am Ende auch erfüllt wird.

Teil II: Schreiben

Teil II.A: Textproduktion (Wahlaufgabe)

a) ***Hinweis:** Beim Erzählen geht es darum, ein **Ereignis** oder eine **Handlung** auf **anschauliche Weise** darzustellen. Hier sollst du eine Geschichte erzählen, in der jemandem drei Wünsche erfüllt werden. Als Erzähler hast du große **„dichterische Freiheit“**. Du kannst eine märchenhafte Geschichte erzählen oder in der Realität bleiben. Überlege dir, von welchen Wünschen du erzählst. Sollen auch „falsche“ Wünsche dabei sein wie in Kästners „Märchen vom Glück“? Oder soll es nur „richtige“ Wünsche geben? Wer ermöglicht die Wünsche? Eine Fee, eine Hexe, ein Zauberer? Oder ein realer Mensch? Beachte folgende Punkte:*

- *Lege die **Erzählperspektive** fest. Überlege also, aus wessen Sicht du erzählen willst. Du kannst in der Ich-Form schreiben oder die Er-Form (3. Person) wählen. Wichtig ist, dass du bei der einmal gewählten Perspektive bleibst.*

- *In der Regel schreibt man Erzählungen im* ***Präteritum*** *(1. Vergangenheitsform), aber auch das Präsens (Gegenwart) ist möglich. Es gilt wieder: Bleibe bei der einmal gewählten (Haupt-)Zeitform.*
- *Zu Beginn, in der* ***Einleitung*** *deiner Erzählung, solltest du kurz die* ***Ausgangssituation*** *darstellen sowie den* ***Handlungsort*** *und die* ***Figuren*** *nennen.*
- *Im Hauptteil erzählst du von den drei Wünschen und ihrer Erfüllung. Achte auf einen schlüssigen* ***Handlungsaufbau****, es muss ein* ***„roter Faden“*** *erkennbar sein; denke daran, dass die* ***Spannung sich steigern*** *sollte. Nach dem* ***Höhe- bzw. Wendepunkt*** *(der Punkt, an dem die Erzählung in eine Richtung umschlägt, die nicht vorhersehbar war) folgt ein kurzer Schluss.*
- *Gehe auch auf die* ***Gedanken und Gefühle*** *deiner Hauptfigur ein. Was denkt und fühlt sie, als sie plötzlich drei Wünsche frei hat?*
- *Gestalte deine Erzählung lebendig, indem du* ***wörtliche Rede*** *verwendest sowie* ***anschauliche Adjektive*** *und* ***treffende Verben*** *benutzt.*
- *Vergiss nicht, eine* ***treffende Überschrift*** *für deine Erzählung zu finden.*
- *Überprüfe deinen Text abschließend. Sind die* ***Satzanfänge*** *und der* ***Satzbau abwechslungsreich****? Ist die Wortwahl treffend?* ***Vermeidest*** *du* ***Wiederholungen****? Sind* ***Rechtschreibung****,* ***Zeichensetzung*** *und* ***Grammatik*** *in Ordnung?*

Drei Wünsche für Felix

treffende Überschrift

Felix glaubte nicht an Märchen und so dachte er, er schlafe noch und träume, als er eines Morgens die Augen öffnete und geradewegs in das Gesicht eines kleinen, zarten, irgendwie durchscheinenden Wesens blickte, das auf seinem Schreibtisch saß. Dieses kleine Wesen sprach ihn auch sogleich an: „Hallo Felix! Du bist von unserem Computerprogramm unter allen 14-Jährigen, die Felix heißen, ausgewählt worden. Wir wollen testen, ob die Erfüllung von Wünschen Menschen glücklich macht. Daher hast du drei Wünsche frei.“

Einleitung
Erzählperspektive: Er-Form
Erzählzeit: Präteritum
Darstellung der Ausgangssituation
Handlungsort, Zeit, Figuren

Bevor Felix sich aufsetzen und etwas fragen konnte, war das kleine Wesen wieder verschwunden. Verwundert ging er duschen und konnte sich keinen Reim auf diese sonderbare Begegnung machen – schließlich war er überzeugt, dass das Ganze ein Traum gewesen sein musste. Doch als er wieder in sein Zimmer kam, lag auf seinem Schreibtisch ein silberner USB-Stick, der vorher nicht dagewesen war. Er steckte ihn sofort in seinen PC. Es gab darauf nur eine

Hauptteil
seltsame Begegnung mit einem märchenhaften Wesen
Traum oder Realität?
Gegenstand erscheint, der vorher nicht da war

Datei. Sie hieß: *Drei Wünsche für Felix.* Felix wurde ganz aufgeregt. Sollte dieses Wesen tatsächlich real gewesen sein? Sollte das mit den drei Wünschen wirklich stimmen? Er öffnete die Datei und las: „Gib deine Wünsche in die markierten Felder ein. Du kannst alle drei Wünsche auf einmal eintragen, du kannst sie aber auch einzeln eingeben. Dafür hast du 99 Jahre Zeit."

Hauptfigur hat drei Wünsche frei

Felix versuchte ruhig zu bleiben, er dachte nach: Vielleicht würde es tatsächlich mit der Erfüllung der Wünsche klappen, denn schließlich war dieser Stick auf unerklärliche Weise in sein Zimmer gekommen. Oder hatten sich seine Eltern einen Scherz mit ihm erlaubt? Nein, das konnte er sich nicht vorstellen, und außerdem hatte er sie in der Küche beim Frühstück gehört. Was könnte er sich wünschen? Ein neues Fahrrad? Oder diesen tollen, superleichten Laptop? Vielleicht könnte er mithilfe des Wunschprogramms im Fußball auch so gut werden wie sein Idol Lionel Messi?

Gedanken und Gefühle der Hauptfigur

In Gedanken versunken ging er in die Küche. Dort saß seine Mutter und hatte offensichtlich geweint. „Was ist, Mama?", fragte er. „Tante Anja hat angerufen. Bei deinem Cousin Tim wurde eine seltene Krankheit festgestellt. Es sieht nicht gut aus!" Tim rannte sofort aus der Küche und in sein Zimmer, wo er die Datei öffnete. Er gab in das erste gelbe Feld ein: „Ich wünsche mir, dass Tim wieder gesund wird." Dann lief er zurück und drückte seine Mutter ganz fest, bevor er in die Schule ging. In der letzten Stunde hatten sie Biologie. Das neue Thema war „Vererbung" und sie begannen damit, über Erblichkeit von Krankheiten zu sprechen. Felix dachte an Tim, an seine Tante, an Tims Geschwister, an seine Mutter und an sich selbst. Hatten sie vielleicht auch eine Veranlagung zu dieser Krankheit?

Steigerung der Spannung

Eingabe des 1. Wunsches

Sehr besorgt machte er sich nach der Schule auf den Heimweg. Seine Mutter war zu Hause und lächelte ihn an. „Stell dir vor, für Tim gibt es Hoffnung. Das Krankenhaus hat überraschend einen Knochenmarkspender gefunden. Die Chancen dazu standen 1 zu 1 000 000 000 000. Aber jetzt wird Tim wieder gesund!" Felix rannte in sein Zimmer,

Höhepunkt: Erfüllung des Wunsches

öffnete die Datei und sah sofort, dass sein Wunschfeld jetzt grün hinterlegt und mit einem Haken versehen war.
Zwei Felder waren noch offen. Die würde er sich aufheben – und hoffentlich nie brauchen! Aber so viel wusste er jetzt: Die Erfüllung eines Wunsches kann Menschen sehr glücklich machen! (543 Wörter)

Schluss
zwei Wünsche werden aufgehoben

b) *Hinweis:* ***Ziel*** *eines argumentativen Textes ist es, den Leser von der eigenen Meinung zu* ***überzeugen****. Um dieses Ziel zu erreichen, muss du* ***stichhaltige Argumente*** *anführen. Sammle zunächst deine Gedanken zum Thema. Du kannst sie in einer Tabelle sortieren, in der du stichpunktartig Argumente und Beispiele für und gegen Einsteins Behauptung gegenüberstellst. Entscheide dich dann für* ***eine Position:*** *Bist du derselben Meinung wie Albert Einstein oder lehnst du seine These ab? Bringe deine* ***Argumente*** *dann in eine* ***passende Reihenfolge****. Ordne sie dabei nach* ***ansteigender Wichtigkeit****, d. h. vom weniger wichtigen Argument bis hin zum wichtigsten. Denke daran: Ein gutes Argument besteht aus einer Behauptung, einer ausführlichen Begründung und einem passenden Beispiel zur Veranschaulichung.*
Beginne nun mit deinem Text. Überlege dir eine passende ***Überschrift****. Schreibe dann eine* ***Einleitung****, in der du die Fragestellung formulierst. Gut ist es, wenn du zu Beginn deines* ***Hauptteils*** *ein oder zwei wichtige* ***Gegenargumente entkräftest****, so zeigst du, dass du dich auch mit dem Standpunkt der Gegenseite befasst hast. Anschließend führst du deine Argumente aus. Zum* ***Schluss*** *ziehst doch nochmals ein Fazit, beziehe dich dabei auf dein wichtigstes Argument.*
Verwende als Zeitform das ***Präsens*** *(Gegenwart, z. B. „Ich denke, dass ...“).*
Wenn du deinen Text am Schluss überarbeitest, achte auf eine ***abwechslungsreiche Wortwahl****, vermeide Wiederholungen und einen gleichförmigen Satzbau. Überprüfe in Ruhe Rechtschreibung, Zeichensetzung und Grammatik.*

Was ist wirklich wichtig?

treffende Überschrift

Albert Einstein war ein gescheiter Mann und auch seine Behauptung, dass man die besten Dinge im Leben nicht für Geld bekommt, ist sehr klug. Er regt uns dazu an, darüber nachzudenken, was uns wichtig ist und was im Leben wirklich zählt. Es stellt sich die Frage, ob es tatsächlich stimmt, dass die besten Dinge im Leben nicht zu kaufen sind.

Einleitung
Hinführung zur Fragestellung

Meiner Meinung nach hat Einstein vollkommen recht mit seiner Aussage. Ich habe mir zwar schon ziemlich viele Dinge gekauft, die mir sehr wichtig sind, das wichtigste davon ist wahrscheinlich mein Handy, gefolgt von verschiedenen Kleidungsstücken und dem Fernseher. Ich kann mir kaum vorstellen, ohne sie zu leben, und ich muss es zum Glück auch nicht. Doch ich denke, man muss den Wunsch nach diesen Dingen auch richtig einordnen. Oft will ich sie, weil die anderen sie haben oder weil man sie haben muss, um dazuzugehören und um „cool" zu sein. Das sind keine besonders guten Gründe und die Erfüllung dieser Wünsche macht dauerhaft auch nicht glücklich. Im Gegenteil: Das nächste neue Handy-Modell wartet schon und verlangt danach, gekauft zu werden. Die Folgen für die Menschen, die diese Produkte herstellen, und für die Umwelt sind teilweise schrecklich. Auch deshalb müsste jedem klar sein, dass man durch übertriebenen Konsum nicht glücklich werden kann.

Hauptteil
eigene Position benennen
Entkräftung eines Gegenarguments
Dinge, die wichtig und gleichzeitig käuflich sind, gibt es → richtige Einordnung wichtig

Was aber sind die „besten Dinge", von denen Einstein spricht?

Überleitung

Manche Eigenschaften und Fähigkeiten bekommt man als besondere Begabung geschenkt. Eine hohe Musikalität zum Beispiel kann sehr glücklich machen – sich selbst und andere. Auch herausragende mathematische oder sportliche Fähigkeiten sind ein „Geschenk", das der eine Mensch erhält, der andere aber nicht. Mit Geld lässt sich Talent nicht kaufen. Seine Talente zur Entfaltung zu bringen, gehört aber in jedem Fall zu den „besten Dingen".

Pro-Argument 1
Talente sind ein Geschenk

Mindestens ebenso wichtig ist es für mich und wohl für die meisten Menschen, Familie und Freunde zu haben, mit denen man schöne Momente verbringt und die für einen da sind, wenn man schwierige Zeiten durchlebt. Gemeinsame Feiern sind fröhliche Erlebnisse, die zu besonderen Erinnerungen werden. Es ist auch ein gutes Gefühl, jemanden glücklich zu machen, z. B. durch Zeit, die man für ihn hat.

Pro-Argument 2
gute Beziehungen sind wichtig und mit Geld nicht zu kaufen

Gesundheit ist vermutlich für die meisten Menschen eines der wichtigsten „besten Dinge", die man sich für Geld nicht kaufen kann. Natürlich kann jemand, der viel Geld

Pro-Argument 3
Gesundheit ist nicht käuflich

hat, vielleicht andere Ärzte in Anspruch nehmen, als jemand, der weniger Geld zur Verfügung hat. Aber grundsätzlich ist es so, dass sich ein schwerkranker Mensch Gesundheit leider nicht kaufen kann.

Frieden gehört ebenfalls zu den Dingen, die auch mit sehr viel Geld nicht zu kaufen sind. In einer friedlichen und gerechten Gesellschaft möchte jeder leben. Wenn die Nachbarn in der Nähe oder Ferne hungern, zu Unrecht eingesperrt oder bombardiert werden, kann niemand zufrieden sein.

Pro-Argument 4
Frieden kann man nicht kaufen

Auch eine intakte, saubere Umwelt kann man nicht mehr kaufen, wenn man sie zu lange vernachlässigt hat. Tier- und Pflanzenarten, die ausgestorben sind, sind für immer verloren. Es gibt einen indianischen Spruch, der besagt, dass der Mensch erst merken wird, dass man Geld nicht essen kann, wenn der letzte Baum gefällt, der letzte Fluss vergiftet und der letzte Fisch gefangen ist.

Pro-Argument 5
eine ruinierte Umwelt ist auch mit Geld nicht zu retten

Je länger ich nachdenke, desto mehr Beispiele für die „besten Dinge“, die man nicht kaufen kann, fallen mir ein. Ohne Gesundheit, Liebe, Glück, Gerechtigkeit und Freiheit ist ein gutes Leben nicht vorstellbar. Für mich heißt das nicht, dass ich deshalb auf die liebgewonnenen Dinge, die man kaufen kann, verzichten will. Ich werde aber öfter daran denken, was wirklich wichtig ist. (588 Wörter)

Schluss
Zusammenfassung/Fazit

Teil II.B: Sprachliche Richtigkeit

1. *✎ **Hinweis:** In dem Text sind zehn Fehler versteckt, die du entdecken musst. Vertraue beim erstmaligen Lesen deinem Rechtschreibgefühl und markiere alle Wörter, die dir schon jetzt auffallen. Überprüfe dann mit dem **Wörterbuch** und anhand von **Rechtschreibstrategien**, ob du richtig liegst. Wichtige Strategien sind:*
   - ***Silben trennen:** So kannst du z. B. Doppelkonsonanten hörbar machen.*
   - ***Auf die Vokallänge achten:** Damit du weißt, ob du z. B. nach einem kurzen Vokal „ss" oder nach einem langen Vokal „ß" schreiben musst.*
   - ***Wörter verlängern:** Auf diese Weise, kannst du hören, ob am Wortende ein „b" oder „p", ein „d" oder „t", ein „g" oder „k" stehen muss.*
   - ***Die Wortart bestimmen:** Auf diese Weise kannst du entscheiden, ob das Wort groß- oder kleingeschrieben werden muss.*
   - ***Den Wortstamm beachten:** Am Wortstamm erkennst du z. B., ob du „eu" oder „äu", „e" oder „ä" schreiben musst.*
   - ***Die Herkunft des Wortes beachten:** Fremdwörter enthalten z. B. kein „ck", „ih" oder „ie".*

   *Achte darauf, dass du nicht mehr als **zehn Fehler** markierst und korrigierst. Nur die **ersten zehn Markierungen** werden gewertet.*

   Der außergewöhnliche **Fund** wirkt auf den ersten Blick unscheinbar. Der wenige Zentimeter große und **ziemlich** farblose Fisch schwimmt langsam in einem Becken der Universität Konstanz hin und her. Ab und zu bohrt er die Nase in die Steine am Boden oder **wackelt** mit der **Schwanzflosse**. Dieser Fisch trägt den Namen „Schmerle" und ist etwas Besonderes.

   Es **ist** der erste bekannte Höhlenfisch in Europa. Zum ersten **Mal** wurde er 2015 von einem Taucher in einem Höhlensystem zwischen Schwarzwald und Bodensee gesichtet. Dort leben die Fische isoliert von anderen Fischen.

   In den vergangenen 20 000 Jahren haben sich die Fische an das Leben in dunklen Höhlen **angepasst**. Die Tiere haben kleine Augen, aber große Nasenlöcher und die Barteln, die für das Tasten und Schmecken verantwortlich sind, sind **verlängert**, damit die Fische besser riechen und schmecken können.

   Dass der Fisch überhaupt **entdeckt** wurde, ist dem Taucher Joachim Kreiselmaier zu verdanken. Er war im Sommer 2015 in dem Höhlensystem unterwegs, sah den Fisch, wunderte sich und machte sicherheitshalber mehrere Aufnahmen. Dem Taucher gelang es erst im November 2015, diese Höhlenfische zu fangen, weil das Höhlensystem stark **verzweigt** und die Sicht sehr schlecht ist.

   Nach: http://www.faz.net/aktuell/wissen/der-erste-hoehlenfisch-europas-14956774.html (abgerufen am 06.09.2017)

Hinweis:
Fund: *Verlängere das Wort, so hörst du den Buchstaben am Ende: „Funde".*
ziemlich: *Ein Wort, das du lernen musst oder im Wörterbuch nachschlagen kannst, wenn du unsicher bist.*
wackelt: *Achte auf die Vokallänge (kurz: also ck).*
Schwanzflosse: *Nach kurzem Vokal folgen in der Regel zwei Konsonanten, zwei gleiche (Doppelkonsonant) oder zwei verschiedene → Schwanz.*
ist: *Das Wort kommt nicht vom Verb „essen" sondern vom Verb „sein".*
Mal: *Achte auf die Bedeutung im Textzusammenhang. Gemeint ist ein bestimmter Zeitpunkt innerhalb einer Reihenfolge oder eines sich wiederholenden Geschehens, nicht die Mahlzeit.*
angepasst: *Achte auf die Vokallänge (kurz: also ss).*
verlängert: *Der Wortstamm ist „lang", deshalb musst du „ä" schreiben.*
entdeckt: *Achte auf die Bedeutung der Vorsilbe: Die Vorsilbe „end-" weist darauf hin, dass etwas zu Ende gekommen ist, die Vorsilbe „ent-" dagegen drückt aus, dass etwas weggenommen wurde. Hier wurde etwas entdeckt, also bildlich gesehen, eine Decke weggenommen.*
verzweigt: *Bilde die Grundform: „verzweigen". So hörst du das g im Wort.*

2. ***Hinweis:*** *Nur* ***Nomen*** *werden* ***großgeschrieben****. Aber auch andere Wortarten, wie Verben und Adjektive, können* ***nominalisiert****, das heißt* ***zu Nomen gemacht werden****. Dann werden sie im Satz wie ein Nomen verwendet und deshalb großgeschrieben. Achte auf die* ***Nomensignalwörter****, wie Artikel (der, die, das; ein, eine), zusammengezogene Artikel mit Präposition (z. B. beim, zum, am) oder Pronomen (z. B. mein, dein, etwas, wenig, viel, nichts).*
Gehe die Sätze langsam durch. Überprüfe bei großgeschriebenen Wörtern (außer am Satzanfang), ob es sich um ein Nomen oder eine Nominalisierung handelt. Natürlich kann der Fehler auch darin bestehen, dass ein Wort großgeschrieben ist, das kleingeschrieben werden müsste.

b) Das Treffen mit dem Sänger war **etwas Außergewöhnliches** für ihn.

Hinweis: *Es handelt sich um ein nominalisiertes Adjektiv und wird deshalb großgeschrieben. Achte auf das Signalwort „etwas".*

c) Das Auspacken der Geschenke ist **am spannendsten**.

Hinweis: *Hier handelt es sich nicht um eine Nominalisierung, sondern um den Superlativ (die 2. Steigerungsform eines Adjektivs): spannend – spannender – am spannendsten. Superlative werden immer kleingeschrieben.*

f) Sie hofft, dass sie **morgen** nichts Besonderes unternehmen.

Hinweis: Es handelt sich nicht um ein Nomen im Sinne von „der Morgen", sondern um das Adverb „morgen" und wird deshalb kleingeschrieben.

3. ***Hinweis:** Entscheide jeweils, um welche Wortart es sich handelt:*
   - ***Artikel** (Begleiter) „**das**" – steht vor einem Nomen (Tipp: Zwischen Artikel und Nomen können sich noch andere Wörter schieben, z. B. ein Adjektiv).*
   - ***Relativpronomen „das"** – leitet einen Relativsatz ein, bezieht sich auf ein Nomen aus dem vorherigen Hauptsatz und kann durch „welches" ersetzt werden.*
   - ***Konjunktion** (Bindewort) „**dass**" – leitet einen Nebensatz ein, kann nicht durch „dieses", „jenes" oder „welches" ersetzt werden. Beachte: Ein Nebensatz kann auch vor dem Hauptsatz stehen, dann beginnt das Satzgefüge mit der Konjunktion „dass" (z. B. Dass die Prüfung so schwierig würde, hätte ich nicht gedacht.)*

   *Es gibt **Punktabzug** für andere Kennzeichnungen sowie für fehlende Buchstaben. Deshalb: **Streiche das falsche Wort durch** und schreibe den **Buchstaben (A, R oder K)**, der die Wortart des richtig geschriebenen Wortes benennt, auf die Linie.*

   Sie ärgert sich, ~~das~~/**dass** sie zu müde ist, um auszugehen.
   K

   Das/~~dass~~ neue Fenster, **das**/~~dass~~ wir eingebaut haben, ist defekt.

   A **R** *(Das neue Fenster, welches …)*

   Morgen kaufen wir **das**/~~dass~~ neue Aquarium im Fachhandel.
   A

4. ***Hinweis:** Lass dich nicht durch die Punktzahl irritieren. Es gibt pro Zeichen einen halben Punkt. Die Anführungszeichen vor und nach der wörtlichen Rede gelten als ein Zeichen. Achte auf den Begleitsatz der wörtlichen Rede. Er kann vor oder nach der wörtlichen Rede stehen oder in die wörtliche Rede eingeschoben sein.*

   Der Schüler hatte Angst vor der Prüfung[,] da er nicht genug gelernt hatte. [„]Das nächste Mal fange ich früher mit der Vorbereitung an[“][,] sagte er zu seinem Freund. Sein Freund sprach ihm vor dem Klassenraum nochmals Mut zu: [„]Wir schaffen das auf jeden Fall[,] aber du musst vor allem zuerst an deine Stärken glauben.[“] Motiviert trat er schließlich zur Prüfung an[,] die er auch mit einer guten Note bestand.

Hinweis:

1. Satzgefüge (Haupt- und Nebensatz, verbunden durch die unterordnende Konjunktion „da“); der Nebensatz wird durch Komma abgetrennt

2. Beginn der wörtlichen Rede

3. Ende der wörtlichen Rede

4. Begleitsatz nach der wörtlichen Rede, wird durch Komma abgetrennt

5. Beginn der wörtlichen Rede

6. Satzreihe (zwei Hauptsätze, verbunden durch die nebenordnende Konjunktion „aber“)

7. Ende der wörtlichen Rede

8. Satzgefüge (Haupt- und Nebensatz, verbunden durch das Relativpronomen „die“)

Teil I: Lesen

Hinweis: Der Sachtext „Die Magie des Waldes“ ist eine Reportage. Der Autor bzw. der ihn begleitende Förster vergleicht das Zusammenleben der Bäume im Wald mittels zahlreicher sprachlicher Bilder mit einer menschlichen Gemeinschaft. Es werden aber auch biologische Fakten und Zusammenhänge genannt. Das macht die Lektüre anspruchsvoll. Lies daher besonders gründlich und erschließe dir den Text durch Markierungen. Achte auf die Anmerkungen zum Text und nutze dein Wörterbuch, um Fremd- und Fachwörter nachzuschlagen. Die vorgegebenen Aussagen sind in der ***Reihenfolge*** *aufgeführt, in der sie* ***im Text vorkommen****.*

1. a) Peter Wohlleben stellt dem Reporter ____ vor.
   - ☐ seinen Bucheckergarten
   - ☒ seinen Buchenkindergarten
   - ☐ seine Buchsbaumkinder
   - ☐ seinen Buchfinkengarten

   Hinweis: *vgl. Z. 11*

   b) Die „Erziehung“ junger Buchen dauert …
   - ☐ wenige Jahre.
   - ☐ ein Jahrzehnt.
   - ☒ Jahrhunderte.
   - ☐ viele Jahrtausende.

   Hinweis: *vgl. Z. 16/17*

   c) Die jungen Buchen stehen _____ unter den Laubkronen der alten Bäume.
   - ☐ im Halbkreis
   - ☐ halbtags
   - ☐ wie Halbstarke
   - ☒ im Halbdämmer

   Hinweis: *vgl. Z. 34*

d) Wenn Bäume zu schnell wachsen, sind ihre Stämme …
- ☐ feinporig.
- ☐ grobkörnig.
- ☒ grobporig.
- ☐ feinkörnig.

***Hinweis:** vgl. Z. 48*

e) Forscher nennen das Internet des Waldes auch …
- ☒ „Wood Wide Web“.
- ☐ „Wood Wild Web“.
- ☐ „World Wide Web“.
- ☐ „World Wild Web“.

***Hinweis:** vgl. Z. 114*

2. a) „Bleigrauer Herbsttag“ (Z. 1) bedeutet hier, dass …
- ☐ der Bleigehalt des Bodens das Laub grau färbt.
- ☐ das Laub schwer wie Blei auf den Boden fällt.
- ☒ trübes und nebliges Wetter herrscht.
- ☐ Regen fällt, der für Mensch und Tier giftig ist.

***Hinweis:** vgl. Z. 1–4*

b) „mächtige Stämme“ (vgl. Z. 9/10) bedeutet hier, dass …
- ☒ die Stämme der alten Buchen einen großen Durchmesser haben.
- ☐ große Stammbäume adliger Familien Macht demonstrieren.
- ☐ alte Volksstämme sehr machthungrig waren.
- ☐ die Buchen-Schösslinge den alten Buchen gegenüber hilflos sind.

***Hinweis:** „Stämme“ meint hier Baumstämme. „Mächtig“ bezieht sich auf die Größe und den Umfang der Baumstämme.*

c) „rabiat“ (vgl. Z. 62) bedeutet hier …
- ☐ traurig.
- ☐ gereizt.
- ☐ wütend.
- ☒ gnadenlos.

Hinweis: *Achte auf den Textzusammenhang. Im Folgesatz heißt es, dass abweichendes Verhalten mit dem Tod bestraft wird. Hier passt nur das Wort „gnadenlos“.*

d) „Schattenreich“ (Z. 76) bedeutet hier …

- ☐ Friedhof für junge Buchen-Schösslinge.
- ☒ schattiger Bereich unter den Laubkronen der Elternbäume.
- ☐ Ort, an dem Nachtschattengewächse gedeihen.
- ☐ völlige Dunkelheit bei Nacht.

Hinweis: *Nur diese Lösung ist im Zusammenhang sinnvoll. In Z. 34–39 wird beschrieben, dass die jungen Buchen viele Jahrzehnte im Schatten der Elternbäume wachsen, deren Kronen bis zu 97 % des Sonnenlichts schlucken.*

3. ***Hinweis:*** *Lies im Text nach und* ***unterstreiche*** *die Sätze, die deiner Meinung nach den Sinn der vorgegebenen Sätze wiedergeben.* ***Vergleiche*** *anschließend die unterstrichenen Sätze mit den vorgegebenen Sätzen und* ***überprüfe****, ob tatsächlich der gesamte Satz Ähnliches ausdrückt. Schreibe die* ***Zeilenangaben*** *in die Tabelle. Achte darauf, die Zeilen ganz* ***genau*** *zu nennen, das heißt, du musst die Zeile nennen, in der das* ***erste Wort*** *des Satzes steht, und die Zeile, in der das* ***letzte Wort*** *des Satzes steht.*
Die vorgegebenen Aussagen sind in der ***Reihenfolge*** *aufgeführt, in der sie* ***im Text vorkommen****.*

Aussage	**Zeile(n)**
Er schreitet durch seinen Forst, um zu zeigen, was seine Bäume verbindet und wie sie sich verständigen und gegenseitig helfen.	Z. 19–22 (Er geht … unterstützen.)
Nicht ganz ernsthaft betrachtet Wohlleben seine jungen Buchen.	Z. 51/52 (Etwas spöttisch … Buchen-Schösslinge.)
Der Sieger wird den Raum des abgestorbenen Baumes in Anspruch nehmen.	Z. 81–83 (Der Gewinner … Elternbaumes einnehmen.)
In alle Richtungen wachsen ihre Äste dem Licht entgegen.	Z. 135/136 (Nach allen Seiten … nach Licht.)

4. **Hinweis:** *Lies dir die Aussagen* **A–D** *sehr genau durch und prüfe, ob du sie im Text findest. Manche Aussagen wirst du nicht finden, dann sind sie als falsch zu werten. Wenn du eine vermeintlich ähnliche Aussage findest, prüfe den Textzusammenhang. Denn manchmal findest du zwar eine ähnliche Aussage, die aber das Gegenteil meint oder in einem anderen Zusammenhang steht. Finde für alle vier Aussagen heraus (A–D), ob sie richtig oder falsch ist. Kreuze dann entsprechend an.*

a) ☐ Nur A und B stehen im Text.
☒ Nur A und C stehen im Text.
☐ Nur B und D stehen im Text.
☐ Nur C und D stehen im Text.

Hinweis: *Richtig ist:* ***Nur A und C stehen im Text.*** *Zu A: vgl. Z. 23/24. Zu C: vgl. Z. 47–50. Antworten B und D stehen nicht im Text.*

b) ☐ Nur A und D stehen im Text.
☒ Nur B steht im Text.
☐ Nur B und C stehen im Text.
☐ Nur D steht im Text.

Hinweis: *Richtig ist:* ***Nur B steht im Text*** *(vgl. Z. 92–94). Antworten A, C und D stehen nicht im Text.*

5. **Hinweis:** *Beim Zitieren schreibst du eine Textstelle wortwörtlich ab. Beachte dabei unbedingt die Regeln fürs* ***Zitieren:*** *An den Anfang und das Ende des Zitats setzt du* ***Anführungszeichen****. Außerdem nennst du die* ***Zeile****, in der die Textstelle beginnt, und die, mit der sie endet. Für beides, die korrekten Anführungszeichen und die richtige Zeilenangabe, gibt es Punkte. Die zitierte Textstelle kann, muss aber kein ganzer Satz sein. Wenn du innerhalb eines Zitats Wörter auslässt, markierst du dies mit Auslassungspunkten in einer eckigen Klammer: […].*

Mögliche Lösungen:
- „Fest stehe […], dass Bäume zählen könnten.“ (Z. 116)
- „Man hat herausgefunden, dass Bäume erst eine Reihe von warmen Tagen abzählen, bevor sie ausschlagen.“ (Z. 124–126)
- „Bislang weiß noch niemand, wo die Bäume ihre mathematischen Fähigkeiten abgespeichert haben.“ (Z. 126–128)

6. *Hinweis: Suche im Text jeweils eine Stelle, an der etwas zur Funktion des Wurzel- und des Pilzsystems gesagt wird. Du kannst die **jeweilige Funktion** mit **eigenen Worten** darstellen oder **zitieren**.*

   Funktion des Wurzelsystems: Über das weit verzweigte Wurzelsystem werden die jüngeren Bäume mit Nährstoffen versorgt (vgl. Z. 74/75).

   Funktion des Pilzsystems: Das Pilzsystem sorgt für die Übermittlung von Informationen über Parasiten oder Trockenheit (vgl. Z. 111–113).

7. *Hinweis: Hier musst du dich auf eine **konkrete Textstelle** beziehen und mit **eigenen Worten** erklären, **warum** das senkrechte Wachstum für Buchen überlebenswichtig ist. Die eindeutigste Stelle ist der Absatz von Z. 61–70, in dem von der „Todesstrafe" für abweichendes Verhalten die Rede ist.*

   Für ihr Wachstum benötigen die jungen Buchen Licht. Die Laubkronen der Elternbäume lassen nur sehr wenig Licht durch. Nur die jungen Bäume, die gerade nach oben wachsen, erhalten genug Licht, die seitlich wuchernden sterben ab.

8. *Hinweis: Das familienähnliche Zusammenleben der Buchen, zu dem Fürsorge und Rücksicht gehören, ist das Hauptthema des vorliegenden Textes. Daher wirst du viele passende Textstellen finden. Nenne **zwei** und **erläutere** sie, d. h., erkläre mit **eigenen Worten**, auf welche Weise sich die Bäume fürsorglich verhalten bzw. rücksichtsvoll miteinander umgehen.*

   Mögliche Lösungen:

   - Laut Peter Wohlleben kommunizieren die Bäume miteinander und unterstützen sich gegenseitig (vgl. Z. 21/22).
   - Die Elternbäume sorgen laut Wohlleben dafür, dass die jungen Bäume so langsam wie möglich wachsen, sodass sie eine gesunde Zellstruktur ausbilden und auf diese Weise sehr alt werden können (vgl. Z. 40–47).
   - Über das Wurzelsystem versorgen die Elternbuchen nicht nur die jungen Bäume mit Nährstoffen (vgl. Z. 74/75), sondern auch die alten Bäume (vgl. Z. 94–96). Das Zusammenleben der Bäume erinnert also an das Familienleben der Menschen: Eltern sorgen für ihre Kinder und die Großeltern – die Stärkeren sorgen für die Schwächeren.
   - Wohlleben sagt, dass der Buchenwald eine Gemeinschaft bilde, in der sich die Bäume gegenseitig vor schlechten Wetterbedingungen oder Krankheiten schützen (vgl. Z. 97–100).

- Die Buchen tauschen laut Wohlleben über ein Pilzsystem wichtige Informationen über Schädlinge oder Trockenheit aus (vgl. Z. 111–113).
- Wohlleben spricht von „befreundeten" Bäumen, die besonders rücksichtsvoll miteinander umgehen (vgl. Z. 129–139). So gibt es in den Wäldern Baumpaare, die ihre Laubkrone so ausbilden, dass sie dem Partner kein Licht wegnehmen. Ihre Zweige wachsen kräftig in alle Richtungen, aber in Richtung des befreundeten Baumes bilden sie nur zarte Zweige aus.

9. ***Hinweis:*** *Der Wald von Herrn Wohlleben ist ein natürliches, funktionierendes und unberührtes Ökosystem. Es handelt sich nicht um einen Nutzwald. In der vorliegenden Aussage wird behauptet, dass es ausschließlich solche Wälder geben dürfe, sondern dass es auch Nutzwälder geben müsse. Überlege, ob du dieser Meinung zustimmst oder ob du sie ablehnst. Welche Argumente sprechen aus deiner Sicht* ***dafür*** *bzw.* ***dagegen****?* ***Begründe deine Meinung*** *mit überzeugenden Argumenten.*

Zustimmung:
Seit Jahrtausenden nutzt der Mensch die Natur, um für sich Gebrauchsgegenstände, Häuser und Dörfer zu bauen. Wir heizen mit Holz und wir stellen Papier daraus her. All dies wäre so nicht mehr möglich, wenn es ausschließlich Wälder wie den von Peter Wohlleben gäbe. Der Umstieg auf andere Energien ist heutzutage zwar schon am ehesten realisierbar, zumal nicht mehr so viele Menschen mit Holz heizen, Möbelholz aber müssten wir aus anderen Ländern importieren, was dazu führen würde, dass z. B. die Regenwälder noch stärker abgeholzt werden würden. Oder wir müssten Möbel und andere Gegenstände aus Kunststoff herstellen, was wiederum deutlich umweltschädlicher wäre.

Ablehnung:
Der Wald ist ein sehr wichtiger Teil unseres Ökosystems. Er liefert uns den lebensnotwendigen Sauerstoff. Hinzu kommt, dass in einem natürlichen Wald zahlreiche Tier- und Pflanzenarten leben. Diese Artenvielfalt kann sich in reinen Nutzwäldern nicht entfalten. Ein naturnaher Wald kann den Menschen außerdem als Erholungsgebiet dienen, wo sie zur Ruhe kommen und mal richtig durchatmen können. Zum Heizen mit Brennholz gibt es längst zahlreiche Alternativen, z. B. die Solar- oder Windenergie. Gebäude und Möbel müssen nicht unbedingt aus jahrhundertealten Baumstämmen gefertigt sein. Es gibt natürliche und sehr schnell nachwachsende Rohstoffe wie z. B. Bambus, den man stattdessen verwenden könnte.

Teil II: Schreiben

Teil II.A: Textproduktion (Wahlaufgabe)

a) ***Hinweis:*** *Ziel deines* ***Berichts*** *ist es, den Leser zu* ***informieren****. Dein Bericht beantwortet die folgenden W-Fragen:*

- ***Was*** *(hat sich ereignet)?*
- ***Wer*** *(ist beteiligt)?*
- ***Wo*** *(fand das Ereignis statt)?*
- ***Wann*** *(fand das Ereignis statt)?*
- ***Wie*** *(lief das Ereignis ab)?*
- ***Warum*** *(fand das Ereignis statt)?*
- ***Welche Folgen*** *(sind entstanden)?*

Schreibe ***neutral*** *und* ***sachlich****, ohne die Äußerung von Gefühlen oder eigener Meinung. Der Leser soll sich selbst eine Meinung bilden können.*
Verwende ***keine wörtliche Rede****, sondern die* ***indirekte Rede*** *oder umschreibe den Inhalt des Gespräch. Darauf musst du hier besonders achten, denn neben dem, was die Klasse sieht, sind die Erklärungen von Peter Wohlleben sehr wichtig, in denen er den Wald als sozialen Verbund beschreibt. In der Reihenfolge der Darstellung folgst du der Vorlage von Stephan Maus und berücksichtigst besonders die „Gemeinschaftsaspekte" der Buchen. Dafür kannst du dir noch einmal die Lösungen zu Aufgabe 8 anschauen.*
Die Zeitform ist das ***Präteritum****, also die einfache Vergangenheit. Achte auf einen* ***abwechslungsreichen Satzbau*** *und eine treffende Wortwahl.* ***Vermeide Wiederholungen****. Denke daran, eine passende* ***Überschrift*** *für deinen Bericht zu finden. Wenn du deinen Text zum Schluss überarbeitest, achte auf* ***Rechtschreibung****,* ***Grammatik*** *und* ***Zeichensetzung****.*

Waldwanderung in der Eifel

passende Überschrift

Am Freitag, dem 11. November, fuhren wir, die Klasse 9 a, mit unserer Biologielehrerin, Frau Krümmelfuß, zu einem Walderkundungstag in die Eifel. Wir besuchten den Hümmeler Hochwald, der am Fuße der Vulkankegel liegt. Um 10:00 Uhr traf die Klasse den Förster Peter Wohlleben, der in einer zweistündigen Führung seinen Wald zeigte und erklärte.

Einleitung
Wann? Wer? Was? Wo? Warum?

Peter Wohlleben legte besonderen Wert darauf, uns Schülerinnen und Schülern deutlich zu machen, dass der Wald eine soziale Gemeinschaft bildet, in der die einzelnen Bäu-

Hauptteil
Wie (lief das Ereignis ab)?

me miteinander kommunizieren und sich gegenseitig unterstützen. Dies sei in seinem naturnahen Wald noch spürbar, während das bei den überwiegend wirtschaftlich genutzten Wäldern häufig nicht mehr der Fall sei.

Bäume kommunizieren und unterstützen sich

Zu Beginn machte Herr Wohlleben das soziale Leben des Waldes am Beispiel einer Gruppe von kleinen Buchen-Schösslingen am Fuß großer Stämme deutlich. Er nannte die Baumgruppe „seinen Buchenkindergarten“. Hier würden die kleinen Buchen „erzogen“, indem die älteren Bäume sie durch ein dichtes Blätterdach zwingen würden, sehr langsam und senkrecht in Richtung Sonnenlicht zu wachsen. Auf diese Weise, so Wohlleben, bildeten die Bäumchen eine gleichmäßige und kompakte Zellstruktur aus, wodurch die Stämme sehr stabil würden und die Bäume sehr alt werden könnten. Krumm wachsende Schösslinge dagegen würden über kurz oder lang absterben, da sie auf Dauer nicht genug Licht abbekämen. Der Förster sprach von „rabiaten Erziehungsmethoden“ im Wald, die aber als Fürsorge zu verstehen seien, da sie der Gesundheit des einzelnen Baumes und letztlich des gesamten Waldes dienen würden.

Buchen bilden Familien, Buchenkinder werden „erzogen“

Im weiteren Verlauf der Führung zeigte Herr Wohlleben der Klasse, wie die Wurzelsysteme der älteren und jüngeren Bäume miteinander verwuchert sind und sprach dabei von Eltern- und Jungbäumen, also von einer „Familie“. Über dieses Wurzelsystem werden die jüngeren Bäume mit Nährstoffen versorgt, ohne die sie im Halbdunkel nicht überlebensfähig wären. Die Baumeltern versorgten aber nicht nur die jungen Bäume, sondern auch die alten. Herr Wohlleben zeigte uns einen uralten Baumstumpf, der immer noch lebt, weil er von den Nachbarbäumen mit Nährstofflösung versorgt wird. Herr Wohlleben zog hier den Vergleich zu einer Mehrgenerationenfamilie.

Versorgung alter und junger Bäume über ein verwuchertes Wurzelsystem – „Mehrgenerationenfamilie“

Die Klasse lernte außerdem, dass die Buchen über ein unterirdisches Pilzsystem miteinander verbunden sind. Der Waldboden sei mit kilometerlangen Pilzfäden durchzogen. Über diese Pilzleitungen würden Informationen über Schädlinge oder Trockenheit an andere Bäume weitergegeben.

Informationsaustausch zwischen den Bäumen über ein weit verzweigtes Pilzsystem

Deshalb würden Forscher dieses von Pilzen gebildete Kommunikationssystem das „Wood Wide Web“ nennen.

Der Förster erklärte uns außerdem, dass Bäume zählen könnten. Man habe herausgefunden, dass sie im Frühling eine bestimmte Anzahl von warmen Tagen „abzählten“, bevor sie ausschlügen. So stellten sie sicher, dass die wärmere Jahreszeit tatsächlich begonnen habe und die jungen Triebe nicht durch einen unerwarteten Temperaturrückgang gefährdet würden. Man wisse zwar noch nicht, wo die Bäume diese „mathematischen Fähigkeiten“ abgespeichert hätten, aber dass sie diese Fähigkeiten hätten, stehe fest.

„mathematische Fähigkeiten“ der Bäume

Die Führung durch den Forst endete bei einem alten Baumpaar. Herr Wohlleben wies uns auf die mächtigen Kronen der beiden Bäume hin. Hier, so Wohlleben, gingen zwei Bäume besonders rücksichtsvoll miteinander um. Man sehe deutlich, dass die Äste seitlich in alle Richtungen wüchsen, nur nicht in Richtung des befreundeten Baumes. So würden sie sich gegenseitig kein Licht wegnehmen.

„Freundschaft“ zwischen Bäumen

Während dieser Wanderung haben wir Schülerinnen und Schüler und auch unsere Lehrerin viel Neues über „die Magie des Waldes“ erfahren. (518 Wörter)

abrundender Schlusssatz

b) ***Hinweis:*** *In einer Argumentation willst du* ***andere von deiner Meinung überzeugen****. Dazu musst du Argumente finden, die deine Meinung stützen. Wichtig ist es auch, zu wissen,* ***wen*** *du überzeugen willst. Das sind in diesem Fall diejenigen, die der Schulgarten betrifft, nämlich deine Mitschüler.*
Sammle zunächst Ideen. Das kannst du mithilfe einer Mindmap oder einer Tabelle, die du in „Pro“ und „Kontra“ einteilst.
Entscheide dann, ***welchen Standpunkt du vertrittst:*** *Bist du* ***dafür****, dass ein Schulgarten auf dem Pausenhof angelegt wird? Oder bist du* ***dagegen****?*
Markiere *in deiner Ideensammlung die Argumente, die deine Meinung unterstützen. Besonders gut ist es, wenn du in deiner Argumentation wenigstens ein wichtiges* ***Gegenargument entkräftest****.*
Schreibe nun deinen Text. Es ist nicht gefordert, die Argumentation in einen Zusammenhang einzubetten, z. B. in einen Brief an die SV, die Schulleitung oder die Schülerzeitung. Das wäre aber zulässig. In der ***Einleitung*** *formulierst du*

*noch einmal die Fragestellung. Im **Hauptteil** führst du deine Argumente – pro oder kontra Schulgarten auf dem Pausenhof – aus. Denke daran, ein **Argument** besteht aus einer **Behauptung** (also einer Aussage), einer ausführlichen **Begründung** und nach Möglichkeit einem guten **Beispiel**. Verwende Verbindungswörter, die eine Argumentation strukturieren, Argumente gewichten und Schlussfolgerungen einleiten:*

- *Ich bin der Ansicht, dass …*
- *Hinzu kommt …*
- *Dafür/dagegen spricht, dass …*
- *Das Hauptargument dafür/dagegen ist, dass …*
- *Vor allem, hauptsächlich, besonders …*
- *Ich möchte hervorheben, dass …*
- *Entscheidend ist, dass …*
- *Folglich, demnach, also, daher …*
- *Mich überzeugt am stärksten, dass …*
- *Man muss bedenken, dass …*
- *Dieses Argument halte ich für nicht überzeugend, weil …*
- *Zusammenfassend lässt sich sagen, dass …*

*Mit einem kurzen **Schluss** rundest du deine Argumentation ab. Hier kannst du deinen Standpunkt noch einmal kurz zusammenfassen oder einen Ausblick auf die Zukunft geben.*

*Schreibe im **Präsens** (Gegenwart). Wenn du deinen Text abschließend **überarbeitest**, achte auf eine abwechslungsreiche Wortwahl und natürlich auf korrekte Rechtschreibung, Zeichensetzung und Grammatik.*

Schulgarten – ja oder nein?

treffende Überschrift

Die SV hat uns den Vorschlag gemacht, auf unserem Schulhof einen großen Schulgarten anzulegen, der von einer AG betreut werden soll. Die Teilnehmerinnen und Teilnehmer der AG würden dort Obst und Gemüse für die Schulküche anbauen. Ich habe schon viele verschiedene Meinungen aus der Schülerschaft dazu gehört.

Einleitung
Hinführung zur Fragestellung

Besonders Schülerinnen und Schüler aus den unteren Klassen sowie Jungen aus den oberen Klassen sind gegen einen solchen Garten, denn sie befürchten, dass dadurch ein großer Teil des Schulhofes wegfallen würde, auf dem bislang Fußball gespielt werden kann. Auch einige Lehrkräfte sind der Auffassung, dass der Schulhof nicht ver-

Hauptteil
Entkräftung eines Gegenarguments

kleinert werden dürfe, da Bewegung in den Pausen überaus wichtig sei, weil die die Schüler ansonsten nicht einen ganzen Vormittag über konzentriert lernen könnten. Ich denke, dass wir auch mit einem Schulgarten immer noch genug Platz zum Spielen und Rennen haben, denn es wird ja nur ein kleiner Teil des Schulhofs abgetrennt. Außerdem bin ich ohnehin der Meinung, dass es auch möglich wäre, dass die Lehrkräfte während des Unterrichts bewegte Phasen einführen, sodass sich nicht alle Bewegung auf die wenigen Pausen konzentrieren müsste.

Ich bin der Ansicht, dass mit einem Schulgarten die Schüler der AG, aber auch alle anderen, erfahren könnten, wie Gemüse und Obst angepflanzt, gepflegt und geerntet wird. Das wissen wir als Stadtkinder kaum noch und wenige von uns haben Gelegenheit, es außerhalb der Schule zu lernen. Viele von uns wissen ja nicht einmal mehr, wie eine Kartoffel- oder Erbsenpflanze aussieht, und die meisten können eine Gurke nicht von einer Zuchhini unterscheiden. Im Schulgarten könnten wir die einzelnen Pflanzen mit kleinen Schildern kennzeichnen, sodass jeder Schüler nachlesen kann, was genau dort wächst.

Pro-Argument 1
Wichtiges über Anpflanzung, Pflege und Ernte von Obst und Gemüse lernen

Hinzu kommt, dass wir, indem wir unser eigenes Obst und Gemüse ziehen, auch den Wert von Lebensmitteln zu schätzen lernen. Anbau und Pflege machen viel Arbeit, kosten Zeit, Mühe und auch Geld. Vielleicht wirft man aus dieser Erfahrung heraus auch nicht mehr so viele Lebensmittel in den Müll. Selbst angebautes Gemüse schätzt man sicherlich auch wegen des guten Geschmacks sehr viel mehr als gekauftes Gemüse.

Pro-Argument 2
Wert der Lebensmittel schätzen lernen

Besonders wichtig ist mir in diesem Zusammenhang, dass wir etwas für die Umwelt tun würden. Durch den Eigenanbau entfallen z. B. Transportwege, was bedeutet, dass weniger Schadstoffe ausgestoßen würden. Der Asphalt des Schulhofes würde teilweise entfernt werden, d. h. der Boden würde „entsiegelt". Das ist in Städten sehr wichtig, damit der Grundwasserspiegel hoch genug bleibt. Genauso wichtig ist, dass wir mit einem Schulgarten einen Lebensraum für verschiedene Insektenarten schaffen würden. Das

Pro-Argument 3
Umweltaspekte
- keine Transportwege
- Entsiegelung des Bodens
- Lebensraum für Insekten

ist angesichts des Artensterbens von großer Bedeutung. Wie die Welt ohne Insekten aussehen könnte, zeigt z. B. der Roman „Die Geschichte der Bienen“. Er handelt davon, wie die Menschen ums Überleben kämpfen, nachdem die Bienen ausgestorben sind. Denn nun müssen alle Pflanzen von Menschenhand bestäubt werden.

Pro-Argument 4 Verantwortung übernehmen

Und das ist mein Hauptargument: Wir sollten in der Schule lernen, Verantwortung zu übernehmen, für uns selbst, für andere und für unsere Umwelt. Ein Schulgarten kann da ein guter Anfang sein.

Schluss

Natürlich kann man sagen, dass unser Schulgarten nur einige Quadratmeter groß sein wird und dass das die Umwelt nicht rettet. Aber bis wann und auf was sollen wir warten? Wir erfahren täglich, dass die Umweltschäden immer größer werden. Ich möchte etwas tun! Deshalb bin ich der Meinung, dass wir diesen Schulgarten anlegen sollten – und warum nicht auch einen Bienenstock einrichten?

Flora, Klasse 9 a (540 Wörter)

Teil II.B: Sprachliche Richtigkeit

Die Aufgaben zum Teil II.B (Sprachliche Richtigkeit) sind in der Prüfung für Text 1 und Text 2 gleich. Die Lösungen sind in diesem Buch deshalb nur einmal abgedruckt. Du findest sie am Ende der Lösungen zu Text 1.

Teil I: Lesen

Hinweis: *Lies den Text gründlich durch. Jetzt kennst du die Personen und Situationen: Der Herr geht an einem schönen Tag aus dem Haus, seine Frau trägt ihm einige Dinge auf, die er erledigen soll. Unterwegs hört er sich die Klagen des Schusters und einer Dame im Garten an. Nach Hause zurückgekehrt, hört er, wie sich einige Hausnachbarn im Treppenhaus über Frau Mohwinkel, eine weitere Hausnachbarin, beschweren. Auch seine Frau schimpft oben in der Wohnung über diese Nachbarin. Nach kurzer Zeit verlässt der Herr das Haus ein zweites Mal, diesmal um zum Pilzesammeln in den Wald zu gehen. Hier trifft er auf Herrn Niemeyer.*
Markiere die Abschnitte, in denen es um die verschiedenen Begegnungen geht, so fällt es dir leichter, die Aufgaben zu lösen.

1. a) Als der Herr am Morgen erwacht, ist er …
   - ☐ voller Pläne.
   - ☐ in Eile.
   - ☒ froh.
   - ☐ atemlos.

   Hinweis: *vgl. Z. 5*

   b) Die Dame im Garten …
   - ☐ liest gerade ein Buch.
   - ☐ muss gleich die Küche wischen.
   - ☐ hängt die Wäsche auf die Leine.
   - ☒ ärgert sich über das Mädchen.

   Hinweis: *vgl. Z. 34/35*

   c) Frau Mohwinkel ist …
   - ☐ eine Reinigungskraft.
   - ☒ eine Nachbarin.
   - ☐ eine Freundin.
   - ☐ eine Bankangestellte.

   Hinweis: *vgl. Z. 61–67*

d) Der Herr geht in sein Arbeitszimmer, um …

- [x] die Post zu lesen.
- [ ] Geld zu holen.
- [ ] die Ruhe zu genießen.
- [ ] seinen Zorn zu verbergen.

Hinweis: *vgl. Z. 75/76*

e) Der Herr findet im Wald …

- [x] einen großen Steinpilz.
- [ ] Körbe voller Pfifferlinge.
- [ ] Pilze voller Maden.
- [ ] einen prächtigen Butterpilz.

Hinweis: *vgl. Z. 139–141*

2. a) „Ich hätte an den Wänden hochgehen können …“ (Z. 56 f.) bedeutet hier, dass die Dame im Garten …

- [x] sehr verärgert ist.
- [ ] völlig gelassen reagiert.
- [ ] ausgesprochen gerne klettert.
- [ ] richtig gut gelaunt ist.

Hinweis: *Die Redewendung „die Wände hochgehen“ bedeutet, dass man sehr wütend ist. Zu Beginn der Begegnung des Herrn mit der Dame (vgl. Z. 34) berichtet diese auch von ihrem Ärger mit dem Mädchen.*

b) „sich auszulüften“ (Z. 88 f.) bedeutet hier, dass der Herr …

- [ ] die Fenster weit öffnet.
- [ ] sich in die Luft erhebt.
- [x] frische Luft braucht.
- [ ] unter Kurzatmigkeit leidet.

Hinweis: *Der Herr ist zornig und unkonzentriert, so dass er nicht mehr weiterarbeiten kann. Er benötigt frische Luft, um den Kopf wieder freizubekommen (vgl. Z. 84–89).*

c) „wiehernd“ (Z. 148) bedeutet hier, dass der Herr …

- [ ] ängstlich spricht.
- [ ] sehr laut brüllt.

☒ schadenfroh lacht.
☐ gutmütig schmunzelt.

Hinweis: *Bereits in Z. 144 heißt es, dass er „schadenfroh“ überlegte, wie er Herrn Niemeyer den Pilz zeigen sollte. Das Wiehern eines Pferdes klingt wie lautes Lachen.*

3. ***Hinweis:*** *Die Lösungssätze findest du in der Reihenfolge der vorgegebenen Aussagen im Text.*

Aussage	**Zeile(n)**
Der Herr machte kurzzeitig die Augen zu und holte kräftig Luft.	Z. 12/13 (Der Herr … atmete tief.)
Dafür bin ich nicht gelassen genug.	Z. 54 „Gelassenheit“ entspricht der inneren Ruhe.
Abgesehen vom Schluss hörte der Herr das Gesagte gern.	Z. 95/96 (Ohne den … Herrn gut.)
Das Sprechen strengte den Herrn an, er atmete schneller	Z. 124/125 (Er hatte Mühe … kurz geworden.)

4. ***Hinweis:*** *Lies die Aussagen durch und prüfe, ob du sie im Text findest. Du musst sehr gründlich lesen, denn manche Wörter oder Aussagen stehen zwar im Text, beziehen sich aber z. B. auf eine andere Person. Notiere von A–D, ob die Aussage richtig oder falsch ist und kreuze dann das passende Kästchen an.*

a) ☐ Nur A und B stehen im Text.
☐ Nur B und D stehen im Text.
☒ Nur C steht im Text.
☐ Nur C und D stehen im Text.

Hinweis: *Richtig ist:* ***Nur C steht im Text*** *(vgl. Z. 6–11 u. 90–93). Antwort A ist falsch: Es ist die Dame, die er unterwegs trifft, die im Garten sitzt. Antwort B ist falsch: Frau Mohwinkel, eine Hausbwohnerin, verschmutzt häufig das Treppenhaus (vgl. Z. 61–67). Antwort D ist falsch: Er geht allein zum Pilzesammeln in den Wald (vgl. Z. 112/113).*

b) ☐ Nur A und B stehen im Text.
☒ Nur A und C stehen im Text.
☐ Nur B und D stehen im Text.
☐ Nur C und D stehen im Text.

Hinweis: *Richtig ist:* ***Nur A und C stehen im Text.*** *Zu A: vgl. Z. 120/121; zu C: vgl. Z. 126–129 („in jeder Hand einen Korb"). Antwort B ist falsch: Davon steht nichts im Text. Antwort D ist falsch: Er hat Steinpilze unter den Eichen gesammelt (vgl. Z. 126/127). Pfifferlinge sucht der Herr später unter den Tannen und findet dort den riesigen Steinpilz (vgl. Z. 138/ 139).*

5. ***Hinweis:*** *Versuche die Vorkommnisse in die richtige Reihenfolge zu bringen. Wenn du dir nicht sicher bist, schau noch einmal in den Text. Beachte, dass hier nur einige der Situationen genannt werden, die in der Geschichte vorkommen.*

Vorkommnis	**Nummerierung**
Der Herr findet einen großen Steinpilz.	**4** (vgl. Z. 139/140)
Der Herr setzt sich zu einer Frau in den Garten.	**1** (vgl. Z. 25–32)
Der Herr freut sich über den schönen Tag, den er erlebt hat.	**6** (vgl. Z. 156–159; nicht zu verwechseln mit der Freude über den schönen Tag zu Beginn der Geschichte)
Der Herr geht in den Wald um Pilze zu sammeln.	**3** (vgl. Z. 116–118)
Der Herr zeigt Herrn Niemeyer seinen großen Steinpilz.	**5** (vgl. Z. 147–149)
Der Herr liest seine Post und schreibt Briefe.	**2** (vgl. Z. 75–81)

6. *Hinweis: Für das Zitieren gibt es Regeln, die du beachten musst, um die volle Punktzahl zu erreichen.*

- *An den Anfang und das Ende der zitierten Textstelle setzt du Anführungszeichen.*
- *Schreibe die ganze Textstelle wortwörtlich ab, wenn sie nicht zu lang ist. Bei einem sehr langen Zitat ist es möglich, nur Anfang und Ende aufzuschreiben. Den ausgelassenen Teil kennzeichnest du mit eckigen Klammern: […]*
- *Am Ende des Zitats nennst du in runden Klammern die Zeile, in der die Textstelle beginnt und die, mit der sie endet.*
- *Wenn im Zitat wörtliche Rede vorkommt, kennzeichnest du diese mit einfachen Anführungszeichen (siehe z. B. erstes Zitat in der Lösung).*
- *Die Textstelle kann, muss aber kein ganzer Satz sein.*

Es gibt mehr als zwei mögliche Lösungen, aber nur für zwei erhältst du jeweils einen Punkt. Wenn du bei einer Stelle nicht ganz sicher bist, nenne drei oder vier mögliche Textstellen.

Mögliche Lösungen:

- „Der Herr blickte aus dem Fenster. Die Sonne schien, der blaue Himmel war wolkenlos, Vögel sangen ihr Morgenlied … ‚Welch ein schöner Tag!', sagte der Herr freudig zu seiner Frau." (Z. 1–5)
- „Nun konnte er bei dem schönen Wetter den ganzen Nachmittag im Walde sein […]." (Z. 96–98)
- „Der Herr freute sich über die Wiesenblumen und Gräser am Wegrand […]." (Z. 104/105)
- „In dieser Zuversicht hatte er bald alle Sorgen und allen Ärger vergessen, er war allein mit dem blühenden singenden Tag […]." (Z. 111–113)

7. *Hinweis: In fast jedem Abschnitt geht es um eine Situation, in der der Herr seine gute Laune durch das Jammern und Schimpfen anderer oder durch die Aufträge seiner Frau fast verliert. Er findet aber für sich Wege, nicht in das Klagen einzustimmen.*
Nenne jeweils den Anlass, der ihm die Laune zu verderben droht, und sage dann, was er dagegen tut. Du musst einen Bezug zum Text herstellen. Das kannst du tun, indem du die Zeilen nennst, die jeweilige Textstelle zusammenfasst oder zitierst. Es reicht nicht, die jeweiligen Textstellen nur zu zitieren. Im Folgenden findest du mehr Beispiele als gefordert.

Mögliche Lösungen:

- Der Herr freut sich über das gute Wetter, bis seine Frau kommt und ihm aufzählt, was er an diesem Morgen alles erledigen soll (zum Bürgermeisteramt, zur Polizei, zum Schuster gehen; vgl. Z. 6–11). Um sich die gute Laune nicht verderben zu lassen, schließt der Herr kurz die Augen und atmet tief durch (vgl. Z. 12/13).
- Der Schuster beklagt sich über die schlechten Geschäfte, die Zeitungsnachrichten und einen Bestechungsskandal (vgl. Z. 14–18). Um sich nicht die gute Laune vermiesen zu lassen, verlässt der Herr schnell den Laden (vgl. Z. 18/19).
- Eine Dame fordert ihn auf, sich zu ihr in den Garten zu setzen. Das tut er gerne, um das schöne Wetter zu genießen. Die Dame beginnt aber sofort, sich über ihr Hausmädchen, ihren Sohn sowie Probleme mit der Wäscheleine zu beschweren (vgl. Z. 33–37). Der Herr versucht zweimal, die Dame dazu zu bewegen, den schönen Tag zu genießen (vgl. z. B. Z. 39/40) und das Thema zu wechseln (vgl. Z. 51–53). Sie aber lässt sich nicht von ihren Klagen abhalten, also hört der Herr nicht mehr zu und geht bald (vgl. Z. 58/59).
- Als der Herr nach Hause kommt, hört er Stimmen im Treppenhaus, die sich über eine Nachbarin beschweren (vgl. Z. 60–67). Um diesem Gespräch aus dem Weg zu gehen, wartet er, bis es still ist, und geht erst dann in seine Wohnung hinauf (vgl. Z. 68–70).
- Oben in der Wohnung angekommen, klagt seine Frau ebenfalls über die Nachbarin und darüber, dass sie nicht genug Geld hätten (vgl. Z. 71–74). Der Herr geht in sein Arbeitszimmer, um diesem Gespräch aus dem Weg zu gehen (vgl. Z. 75).
- Der Herr ärgert sich über die Post, insbesondere über ein Mahnschreiben der Krankenkasse. Beim Beantworten der Briefe wird er richtig zornig. Deshalb beschließt er, in den Wald zu gehen, um den Kopf wieder frei zu bekommen (vgl. Z. 84–89).
- Im Wald begegnet er Herrn Niemeyer, der triumphierend von seiner Steinpilzernte erzählt und darauf hinweist, dass er keinen Pilz mehr übrig gelassen habe (vgl. Z. 126–129). Der Herr beherrscht seinen Zorn, sucht sehr lange weiter und findet schließlich selbst einen riesigen Steinpilz. Diesen Pilz zeigt er dem Nachbarn und freut sich sehr über dessen Ärger (vgl. Z. 147–152).

8. ✎ ***Hinweis:** Der Text liefert sowohl Gründe für eine Zustimmung zu der Behauptung als auch für eine Ablehnung der Behauptung. Dabei spielt die Bedeutung, die du dem Wort „nur“ gibst, eine Rolle und die Frage, ob du den ganzen*

Tag oder nur das Ende der Erzählung berücksichtigst. Sage als Erstes, ob du der Behauptung zustimmst oder ob du sie ablehnst. Anschließend begründest du deine Zustimmung oder Ablehnung ausführlich. Beziehe dich dabei unbedingt auf den Text.

Zustimmung
Ich stimme der Behauptung zu. Der Tag, der so schön beginnt, wird dem Herrn nach und nach gründlich verdorben, und zwar von seiner Frau, dem Schuster, der Frau im Garten, den Nachbarinnen, der Post sowie der Schadenfreude des Nachbarn, der alle Pilze geerntet hat. Seine Laune wird immer schlechter. Anfangs hilft es ihm noch, kurz die Augen zu schließen und tief durchzuatmen. Später wird er aber sehr zornig und ist lange schlechter Stimmung. Erst am Ende des Tages kehrt die gute Laune zurück. Nämlich dann, als er den großen Steinpilz findet. Über den freut er sich ausschließlich deshalb, weil er ihn Herrn Niemeyer präsentieren kann und dieser sich darüber ärgert. Als er am Abend zu seiner Frau sagt, dass es ein schöner Tag gewesen sei, denkt er nicht an den schönen Sternenhimmel, sondern an das verärgerte Gesicht des Nachbarn.

Ablehnung
Ich kann der Behauptung nicht zustimmen. Der Tag beginnt schön, der Herr freut sich an der Natur. In der Folge gibt es viele Momente, die er genießt, z. B. beim Öffnen des Fensters am Morgen und im Garten der Dame, als er die blühenden Blumen, Schmetterlinge, Bienen und den Duft der Erde genießt. Auch als er später in den Wald geht, freut er sich an der Natur und blickt freudig in die Zukunft. Am Ende des Tages schaut er wieder aus dem Fenster und nimmt die sternenklare Nacht wahr. Der kleine Triumph über den Nachbarn krönt seinen Tag.

Teil II: Schreiben

Teil II.A: Textproduktion (Wahlaufgabe)

a) ***Hinweis:*** *Hier sollst du eine Geschichte* ***erzählen****. Beachte dabei Folgendes:*
- *Du musst den Tag aus der* ***Perspektive*** *von Herrn Niemeyer beschreiben.*
- *Du kannst in der* ***Ich-Form*** *schreiben oder die* ***3. Person*** *(„Herr Niemeyer“, „er“) verwenden. Bleibe aber auf jeden Fall bei der einmal gewählten Perspektive. Wenn du in der 3. Person schreibst, denke daran, dass du „er“ und „Herr Niemeyer“ so einsetzt, dass deutlich wird, ob du gerade ihn oder den anderen Herrn meinst.*

- *Um aus Sicht von Herrn Niemeyer erzählen zu können, musst du dir* ***einige Informationen*** *zu seinem Leben bzw. seinem Tagesablauf* ***ausdenken****. Bis zur Begegnung mit dem Herrn kannst du alles frei erfinden. Überlege dir z. B., was er den Tag über, bevor er zum Pilzesammeln gegangen ist, getan haben könnte. Wenn du von den Begegnungen der beiden Männer im Wald bzw. vor der Wohnung erzählst, muss das natürlich zur Ausgangsgeschichte passen.*
- *Versuche möglichst* ***anschaulich*** *zu schreiben, indem du treffende Adjektive und Verben verwendest. Die* ***wörtliche Rede*** *aus der Original-Geschichte musst du übernehmen.*
- *Gehe unbedingt auch auf Herrn Niemeyers* ***Gefühle und Gedanken*** *(innere Handlung) ein. Bedenke, dass er bei den Begegnungen vielleicht ganz anders denkt und fühlt als der „Herr" der Erzählung.*
- *Die* ***Handlung*** *muss* ***sinnvoll aufgebaut*** *und gegliedert sein, es sollte einen Spannungsbogen, einen Höhepunkt und einen Schluss geben. Der „rote Faden" der Handlung sollte erkennbar sein. Erstelle eine Gliederung, bevor du anfängst zu schreiben! Sie ergibt sich durch Herrn Niemeyers Tagesablauf an einem schönen, sonnigen Tag und die beiden Begegnungen mit dem Herrn. Die Spannung sollte sich steigern, und zwar bis zu der Szene vor der Wohnung von Herrn Niemeyer, als der Herr ihm den riesigen Steinpilz präsentiert.*
- *Denke daran, am Ende eine* ***treffende Überschrift*** *zu finden.*
- *In der Regel schreibt man Geschichten im* ***Präteritum*** *(Vergangenheit). Aber auch das Präsens (Gegenwart) ist möglich. Wichtig ist, dass du bei der einmal gewählten Zeitform bleibst. Da die Ausgangsgeschichte im Präteritum verfasst ist, bietet sich das aber auch für deine Geschichte an.*
- *Gestalte den* ***Satzbau*** *abwechslungsreich, beginne nicht immer mit dem Subjekt oder Zeitangaben („dann"). Vermeide Wiederholungen. Natürlich musst du auch auf* ***Rechtschreibung****,* ***Grammatik*** *und* ***Zeichensetzung*** *achten.*

Ein herrlicher Tag

An einem sonnigen Tag im Mai wachte Herr Niemeyer auf. Die Sonne schien durch sein Schlafzimmerfenster. „Was für ein schöner Tag!", dachte er und freute sich. Er überlegte, ob er gleich aufstehen sollte, aber dann drehte er sich genüsslich noch einmal im Bett herum. Herr Niemeyer liebte seine Frau, aber er freute sich, dass sie für einige Tage verreist war, um ihre Eltern zu besuchen. So hatte er heute „frei" und konnte tun und lassen, was er wollte.

treffende Überschrift

unmittelbarer, situativer Einstieg

Informationen über: Zeit, Ort, Personen

Erzählperspektive: Er-Erzähler

Zeitform: Präteritum

Erst gegen halb elf Uhr stieg er aus dem Bett, drehte das Radio laut auf und machte sich ein spätes Frühstück. Dabei stellte er fest, dass der Inhalt des Kühlschranks sehr mager aussah – für ein Abendessen würde es nicht mehr reichen. Allerdings hatte er auch keine Lust, einkaufen zu gehen. In der Stadt war immer so viel los, viel Verkehr, viele Menschen und lange Schlangen an den Supermarktkassen. Da fiel ihm plötzlich ein, dass ja die Pilzsaison begonnen hatte. Wenn er einige Steinpilze und vielleicht auch Pfifferlinge finden würde, könnte er sich am Abend ein leckeres Pilzomelett zubereiten. Tatsächlich, vier Eier und etwas Butter fanden sich noch im Kühlschrank. Es fehlten also nur die Pilze. Er erinnerte sich, dass er im vorletzten Jahr zusammen mit seiner Frau eine fantastische Pilzstelle unter den Eichen im nahegelegenen Wald entdeckt hatte. Sicherlich würde er sie wiederfinden.

Tagesablauf von Herrn Niemeyer: aufstehen, frühstücken

Feststellung, dass Kühlschrank leer

Idee: Pilze sammeln

Erinnerung an fantastische Pilzstelle

Er packte also zwei nicht zu kleine Körbe und ein Messer zusammen und zog damit in den Wald. Seine Laune war blendend. Die Sonne schien, die Bienen summten und die Vögel zwitscherten und trällerten um die Wette. Herr Niemeyer hatte beste Laune. Nach einigem Suchen fand er die Stelle. Und tatsächlich: Der Boden war übersät von Steinpilzen. Er schnitt sie alle ab!

Gefühle: gute Laune

Auf dem Rückweg kam ihm sein Nachbar entgegen. Sie kannten sich nicht besonders gut, aber im Treppenhaus grüßten sie sich normalerweise höflich. Ihre Frauen schwätzten und schimpften gerne gemeinsam, besonders über Frau Mohwinkel, die angeblich regelmäßig das Treppenhaus verschmutzte. Seit dieser Nachbar ihm allerdings im letzten Jahr alle Pilze vor der Nase weggeschnappt hatte, war ihr Verhältnis deutlich abgekühlt. Herr Niemeyer erinnerte sich, als sei es gestern gewesen: Dem Nachbar hatte er damals von der tollen Pilzstelle erzählt, dieser war ihm im Jahr darauf dann zuvorgekommen und hatte nicht einen einzigen Pilz übriggelassen! – Wie er sich geärgert hatte! Diesmal aber war er wieder zuerst da! Als der Nachbar stehenblieb und in etwas spitzem Ton fragte: „Oh, Herr Niemeyer! Reiche Ernte, wie? Aber jetzt schon Steinpilze?“,

Höhepunkt 1
erste Begegnung zwischen Herrn Niemeyer und dem Nachbarn

Gedanken und Gefühle: Verärgerung über den Nachbarn

wörtliche Rede aus Originaltext

da konnte er nicht anders: Er lächelte den Nachbarn hämisch an, stolz auf seine reiche Ernte. Schadenfroh sagte er: „Sie wollten wohl auch gerade unter die Eichen? Da werden Sie nichts mehr finden. Die da waren, habe ich." Diese Jahr hatte er gewonnen!

wörtliche Rede aus Originaltext

Herr Niemeyer ging fröhlich nach Hause und dachte dabei an sein Pilzomelett. In der Küche bereitete er sich sein Omelett zu, dann setzte er sich auf den Küchenbalkon und begann, das köstliche Mahl zu genießen. Plötzlich klingelte es. Der kleine Nachbarsjunge überbrachte die Nachricht, dass sein Nachbar ihn unbedingt sprechen wolle. Herr Niemeyer ging zur Tür.

Originaltext: Herr Niemeyer wird an die Wohnungstür gerufen (vgl. Z. 148/149).

„Den haben Sie unter den Eichen übersehen", sagte der Nachbar und zeigte ihm einen gigantischen Steinpilz.
Herr Niemeyer wurde blass. Einen so großen Steinpilz hatte er noch nie gesehen. Der Nachbar stand vor ihm und lachte gehässig, ja er wieherte beinahe und rannte dann mit seinem Pilz die Treppe hinauf.

Höhepunkt 2
zweite Begegnung der beiden Herrn

wörtliche Rede aus Originaltext

Herr Niemeyer stand da wie versteinert, dann aber musste er lachen: „Dieses Jahr haben wir beide gewonnen", dachte er und ging zurück in die Küche zu seinem leckeren Pilzomelett. (596 Wörter)

Schluss
Auflösung

b) *In einer Argumentation willst du* ***andere von deiner Meinung überzeugen****. Dazu musst du Argumente finden, die deine Meinung stützen.*
Bei dieser Aufgabe kannst du frei argumentieren, ein Bezug zum Text wird in der Aufgabenstellung nicht gefordert.
Sammle *zunächst* ***Ideen*** *zu diesem – übrigens häufig kritisierten – Sprichwort. Das kannst du am besten mithilfe einer Tabelle, die du in „Pro" und „Kontra" einteilst.*
Entscheide dann, ***welchen Standpunkt du vertrittst: Stimmst*** *du der Behauptung* ***zu****, dass es der Klügere ist, der nachgibt? Oder* ***lehnst*** *du sie* ***ab****?*
Markiere *in deiner Ideensammlung die Argumente, die deine Meinung unterstützen.*
Schreibe nun deinen Text. Führe in der ***Einleitung*** *zur zentralen Fragestellung hin. Im* ***Hauptteil*** *sagst du als Erstes, welche Position du einnimmst, und führst dann deine Argumente – Zustimmung oder Ablehnung der Behauptung – aus. Besonders gut ist es, wenn du auch ein oder zwei* ***Gegenargumente nennst und***

entkräftest. *Damit zeigst du, dass du dich auch mit dem Standpunkt der Gegenseite auseinandergesetzt hast; das macht deine Argumentation noch überzeugender. Verwende Verbindungswörter, die eine Argumentation strukturieren, Argumente gewichten und Schlussfolgerungen einleiten:*

- *Ich bin der Meinung, dass …*
- *Dafür/dagegen spricht, dass …*
- *Vor allem, hauptsächlich, besonders …*
- *Folglich, demnach, also, daher …*

Mit einem kurzen ***Schluss*** *rundest du deine Argumentation ab. Hier kannst du deinen Standpunkt noch einmal kurz zusammenfassen und ziehst ein Fazit.*
Schreibe im ***Präsens*** *(Gegenwart). Wenn du deinen Text abschließend* ***überarbeitest***, *achte auf eine abwechslungsreiche Wortwahl und natürlich auf korrekte Rechtschreibung, Zeichensetzung und Grammatik.*

Der Klügere gibt nach – bis der Dumme gewonnen hat?

passende Überschrift

Einleitung
Hinführung zur Fragestellung

Wahrscheinlich hat jeder das Sprichwort „Der Klügere gibt nach" schon einmal gehört, vielleicht auch als Ratschlag in einer schwierigen Situation. Ich kann mir viele Situationen vorstellen, in denen es klüger ist, eine Auseinandersetzung nicht bis zum bitteren Ende – oder endlos – fortzusetzen.
Dann ist das Handeln, also das Nachgeben, in dieser Situation die klügere Lösung. Wenn ich das Sprichwort aber so lese, dass kluge Menschen nachgeben oder dass Nachgeben ein Zeichen von Klugheit ist, dann kann ich dem auf keinen Fall zustimmen. Die Frage lautet also: Sollte der Klügere (immer) nachgeben? Bzw.: Ist es wirklich klug, wenn man (immer) nachgibt?

Hauptteil
eigene Position

Ich bin der Meinung, dass es kein allgemeingültiger Ratschlag sein darf, als der Klügere nachzugeben.

Eingehen auf die gegnerische Position
Bei unwichtigen Fragen, sollte der Klügere auch schon mal nachgeben

Natürlich gibt es Situationen, wo man nachgeben sollte, nämlich dann, wenn der Grund des Streits keine lange und harte Auseinandersetzung rechtfertigt. In der Schule gibt es z. B. oft Situationen, in denen eine provozierende Behauptung zu heftigen verbalen Auseinandersetzungen und manchmal auch zu einer Schlägerei führt. Häufig geht es nur darum, wer der „Stärkere" ist. Hier ist es sicherlich klüger, die Situation zu beenden, indem man nachgibt und die Situation nicht weiter eskalieren lässt.

Wenn der zu befürchtende Schaden sehr groß ist, sollte man abwägen, ob das Nachgeben vielleicht klüger ist. Auch dafür gibt es in der Schule viele Beispiele. Was gewinne ich, wenn ich den Streit in den Unterricht trage, Dinge oder Personen zu Schaden kommen, die Lehrer mich als „schwierigen Schüler" in Erinnerung behalten, ein Mahnbrief an die Eltern geschickt wird?

Abwägen, wie groß der zu befürchtende Schaden ist

Beispiele

In der Welt der Erwachsenen kann es natürlich zu noch größeren oder teureren Schäden kommen. Auch kann ein Streit vor Gericht landen und sehr teuer werden – oder es kommt sogar zu Gefängnisstrafen.

weitere Beispiele

Man muss auch bedenken, wie es einem selber geht, wenn man in einer Angelegenheit sein Recht (oder das, von dem man meint, es wäre sein Recht) immer weiter verfolgt. Irgendwann denkt man an nichts anderes mehr, wird wie besessen davon. Das kann sogar krank machen.

Abwägen, ob es einem in bestimmten Fällen Wert ist, auf seiner Meinung zu bestehen

Ich meine, dass das Sprichwort gerechtfertigt ist, wenn die Ursache der Auseinandersetzung nicht wirklich wichtig ist und in keinem Verhältnis zum möglichen Schaden für mich und andere steht.

kurze Zusammenfassung erster Teil

Anders ist es, wenn man grundsätzlich nachgibt oder das Nachgeben empfiehlt, z. B. um des „lieben Friedens willen" oder weil man die Folgen fürchtet. Das führt dazu, dass diejenigen, die rücksichtloser sind oder nicht an die Folgen denken, sich durchsetzen. Wenn ein oder mehrere Mitschüler oder Mitschülerinnen immer wieder andere provozieren oder angreifen, kann das dauerhaft das Klassenklima vergiften. Das sollte man sich nicht gefallen lassen. Das heißt aber nicht, dass man auf die gleiche Art reagieren muss, d. h. ebenfalls beleidigen oder schlagen sollte. Es gibt immer andere und klügere Wege der Lösung.

Argument 1 für die eigene Position

Rücksichtslosigkeit und Unbedachtheit setzen sich durch, wenn der Klügere (grundsätzlich) nachgibt

Beispiel

Vor allem, wenn der Grund für die Auseinandersetzung wichtig ist, sollte man nicht nachgeben. Wenn ich meine Sichtweise als richtig und wertvoll erkannt habe, verbietet es meine Klugheit, der Person nachzugeben, die dies nicht erkannt hat. Das gilt zum Beispiel, wenn ich eine Person schützen will oder die Auseinandersetzung um Dinge geht, die strafbar oder gefährlich sind. In der Schule ist das zum

Argument 2 für die eigene Position

Man sollte nicht nachgeben, wenn es um etwas Wichtiges geht

Beispiel

Beispiel der Fall, wenn ein Schüler andere zum Alkoholkonsum, zum Diebstahl oder zum Mobbing überreden will.

Beispiel

Auch in der Politik gilt, dass es nicht klug, sondern gefährlich und dumm ist, den Dümmeren und Gewaltbereiteren das Feld zu überlassen. Es gibt Werte und Ziele, für die es sich zu streiten und zu kämpfen lohnt. Dazu gehört an erster Stelle der Artikel 1 unserer Verfassung, der sagt: „Die Würde des Menschen ist unantastbar.“ Wenn die Menschlichkeit und die verfassungsmäßigen Rechte in Gefahr sind, sollte niemand weggucken oder nachgeben, denn sonst haben die Klügeren irgendwann nichts mehr zu sagen.

Schluss
Fazit

Ich komme zu dem Schluss, dass das bekannte Sprichwort nur dort gelten sollte, wo es um weniger wichtige Streitereien geht. Wenn es um wichtige Werte und Entscheidungen geht, sollte man unbedingt seine Meinung äußern und diese engagiert vertreten. (627 Wörter)

Teil II.B: Sprachliche Richtigkeit

1. ***Hinweis:*** *Dieser Text enthält zehn Rechtschreibfehler, die du finden musst. Vertraue beim ersten Lesen deinem Rechtschreibgefühl; kennzeichne die Wörter, die dir fehlerhaft erscheinen, zunächst mit Bleistift. Wende dann bei jeder Kennzeichnung die bekannten Rechtschreibstrategien an und überprüfe mit dem Duden, ob du richtig liegst. Hier sind allerdings sieben von zehn Fehlern in konjugierten Verbformen versteckt, sodass du mit mehreren Strategien an die Sache herangehen musst. Suche den Infinitiv, eventuell ergibt sich daraus schon die Schreibung der gebeugten Form, sonst überprüfe mit dem Duden.*
Achte darauf, dass du nicht mehr als ***zehn Fehler*** *markierst und korrigierst. Nur die* ***ersten zehn Markierungen*** *werden gewertet.*

An den Küsten der unter besonderem Schutz stehenden Galapagos-Inseln sind ~~seid~~ **seit** Januar 22 Tonnen Müll gesammelt worden. Der Müll werde dahin ~~gehent~~ **gehend** untersucht, ob darin möglicherweise fremde Arten zu finden seien, teilten Vertreter des Nationalparks auf den zu Ecuador gehörenden Inseln mit. Der Müll wird von Mittel- und Südamerika sowie von Asien aus über das Meer zu den Inseln ~~geschwämmt~~ **geschwemmt**.
Der Nationalpark auf den Galapagos-Inseln im Pazifischen Ozean wurde 1959 gegründet. Auf den Inseln leben zahlreiche Arten, die es ~~nirgentwo~~ **nirgendwo**

sonst auf der Welt ~~giebt~~ **gibt**, darunter Riesenschildkröten und Pinguine. Seit 1978 zählt die Inselgruppe zum UNESCO-Welterbe. Zum Schutz der Arten ~~gellten~~ **gelten** besonders strenge Regeln. Ecuador ~~begrentzt~~ **begrenzt** die Zahl der Besucher; auf den vier bewohnten Inseln leben lediglich 26 000 Menschen.

Der Bau ist stark ~~eingeschrängt~~ **eingeschränkt**, erneuerbare Energien werden ~~geföhrdert~~ **gefördert**, Plastiktüten sind verboten. Ein Meeresschutzgebiet rund um die Inseln umfasst 138 000 Quadratkilometer.

In einem besonders ~~ausgewisenen~~ **ausgewiesenen** Schutzgebiet von 38 000 Quadratkilometern ist zudem jeglicher Fischfang verboten.

Quelle: AFP 18. 03. 2018

Hinweis:

seit: *Achte auf die Wortart: Es handelt sich hier um die Präposition „seit“ und nicht um eine Form des Verbs „sein“.*

gehend: *Um das „d“ am Wortende hörbar zu machen, musst du das Wort verlängern: gehende.*

geschwemmt: *Das Verb „schwemmen“ ist nicht ableitbar von „Schwamm“; wenn du unsicher bist, schlage im Duden nach.*

nirgendwo: *Hier handelt es sich um ein Lernwort; im Zweifel musst du im Duden nachschlagen.*

gibt: *Auch hier handelt es sich um ein Lernwort.*

gelten: *Auch hier musst du die Schreibweise kennen. Wenn du unsicher bist, schau in den Duden.*

begrenzt: *Nach kurzem Vokal folgen in der Regel zwei Konsonanten, zwei gleiche (Doppelkonsonant) oder zwei verschiedene. Gehe vom Grundwort aus: → begrenzen. In der Regel folgt nach l, m, n und r ein einfaches „z“.*

gefördert: *Das Verb „fördern“ wird ohne h geschrieben; wenn du unsicher bist, musst du im Duden nachschlagen.*

ausgewiesenen: *Ein lang gesprochenes „i“ wird in der Regel „ie“ geschrieben.*

2. *__Hinweis:__ Nur __Nomen__ werden __großgeschrieben__. Aber auch andere Wortarten, wie Verben und Adjektive, können __nominalisiert__, das heißt __zu Nomen gemacht werden__. Dann werden sie im Satz wie ein Nomen verwendet und deshalb großgeschrieben. Achte auf die __Nomensignalwörter__, wie Artikel (der, die, das; ein, eine), zusammengezogene Artikel mit Präposition (z. B. beim, zum, am) oder Pronomen (z. B. mein, dein, etwas, wenig, viel, nichts).*
Gehe die Sätze langsam durch. Überprüfe bei großgeschriebenen Wörtern (außer am Satzanfang), ob es sich um ein Nomen oder eine Nominalisierung handelt. Natürlich kann der Fehler auch darin bestehen, dass ein Wort großgeschrieben ist, das kleingeschrieben werden müsste.

   b) In den Ferien ist **nichts Außergewöhnliches** passiert.

   __Hinweis:__ Es handelt sich um ein nominalisiertes Adjektiv; Nomensignal: „nichts".

   c) Wenn die Ampel **Rot** zeigt, darf die Straße nicht überquert werden.

   __Hinweis:__ Es handelt sich um ein Nomen (das Rot). Was zeigt die Ampel? Die Ampel zeigt (das) Rot. Das Nomensignal fehlt hier, der Artikel könnte aber eingesetzt werden.

   e) Einigen Menschen fällt es schwer, **morgens** aufzustehen.

   __Hinweis:__ Adverb/Zeitangabe. Adverbien erkennst du auch am „s" (morgen<u>s</u>, mittag<u>s</u>, abend<u>s</u>). Dagegen handelt es sich um ein Nomen, wenn es heißt „der Morgen" „am Morgen" oder auch „eines Morgens" (bei „eines Morgens" handelt es sich um ein Genitiv-s)

3. *__Hinweis:__ Wiederhole dein Grammatikwissen über Artikel, Relativpronomen und die Konjunktion (= Bindewort).*
   - *Der __Artikel__ steht vor dem Bezugswort (<u>das</u> Kind). Du kannst „das" durch „dieses" ersetzen.*
   - *Das __Relativpronomen__ steht hinter dem Bezugswort. Du kannst hier „das" durch „welches" ersetzen und es bleibt ein sinnvoller Satz. (Das Handy, <u>das</u> (= welches) ich gestern gekauft habe, habe ich heute verloren.)*
   - *__Konjunktion__ (Bindewort) __„dass"__ – leitet einen Nebensatz ein, kann nicht durch „dieses", „jenes" oder „welches" ersetzt werden. Beachte: Ein Nebensatz kann auch vor dem Hauptsatz stehen, dann beginnt das Satzgefüge mit der Konjunktion „dass" (z. B. Dass die Prüfung so schwierig würde, hätte ich nicht gedacht.)*

Lies die Arbeitsanweisung genau. Es gibt ***Punktabzug*** *für andere Kennzeichnungen und für fehlende Buchstaben.* ***Streiche das falsche Wort durch****, schreibe den* ***Buchstaben****, der die Wortart des richtig geschriebenen Wortes benennt,* ***auf die Linie****.*

Sie hofft, ~~das~~/**dass** sie die Grammatikregel verstanden hat.

K

Am Wochenende lese ich **das**/~~dass~~ Buch, **das**/~~dass~~ du mir geschenkt hast.

A **R**

Ich danke dir, ~~das~~/**dass** du mir geholfen hast.

K

4. ***Hinweis:*** *Ein Satzgefüge besteht aus mindestens einem Hauptsatz und einem Nebensatz. Beachte:*
   - *Der Nebensatz wird von einer Konjunktion eingeleitet (z. B.: obwohl, weil, wenn, nachdem).*
   - *Im Nebensatz steht das Prädikat (also das konjugierte Verb) immer an letzter Stelle. „Ich bin morgens müde (Hauptsatz), weil ich nachts lange Computer gespielt habe (Nebensatz)." (Immer häufiger hört man in der Umgangssprache: „Ich bin müde, weil – ich habe nachts lange Computer gespielt." Das ist grammatikalisch falsch!)*
   - *Nebensätze erkennst du auch daran, dass sie nicht allein stehen können: Nicht möglich: „Weil ich nachts lange Computer gespielt habe."*

   In dieser Aufgabe ist immer der Hauptsatz gegeben, du musst also den ***Nebensatz*** *im Satzgefüge* ***bilden****, indem du den Satz in der Klammer umformst. Achte auf die Zeichensetzung. Setze die Kommas wie in der Vorgabe und vergiss den Punkt am Ende des Satzgefüges nicht.*
   Schreibe sorgfältig ab. Für Rechtschreibfehler gibt es Punktabzug.

   a) Er lässt sich die Pizza schmecken, obwohl **er keine Tomatensoße mag.**

   b) Die Tat konnte schnell aufgeklärt werden, weil **der Täter keine Spuren hinterlassen hat**.

   c) Meine Eltern lassen mich allein in den Urlaub fahren, wenn **ich regelmäßig im Haushalt helfe.**

Abschlussprüfung an Hauptschulen in Hessen 2019
Deutsch – Text 2

Teil I: Lesen

Hinweis: *Bei diesem Text handelt es sich um eine Reportage. Die Autorin Heidrun Böger schildert den aktuellen Trend zu „tiny houses". Menschen leben immer häufiger in sehr kleinen Häusern oder Wohnungen. Sie tun das entweder, weil sie meinen, sie benötigen nicht viel Platz oder weil sie es müssen, wenn Wohnraum zu teuer wird. Im Zentrum der Reportage steht Sebastian Pfeil, der alte Bauwagen oder Zirkuswagen zu „tiny houses" umbaut. Auf dem Bild unten siehst du, wie ein „tiny house" aussehen kann. In der Prüfung benötigst du deine Fantasie, um dir aus den Beschreibungen ein Bild zu machen, falls du „tiny houses" noch nicht kennst.*

© Lowphoto. Shutterstock

1. a) Die Wohnung von Sebastian Pfeil ist ____ groß.
   - ☐ 20 Quadratmeter
   - ☒ 70 Quadratmeter
   - ☐ 85 Quadratmeter
   - ☐ 100 Quadratmeter

   Hinweis: *vgl. Z. 9*

   b) Sebastian Pfeil baut „Wohnungen" in einer Größe von …
   - ☒ 20 Quadratmetern.
   - ☐ 70 Quadratmetern.
   - ☐ 85 Quadratmetern.
   - ☐ 100 Quadratmetern.

   Hinweis: *vgl. Z. 13/14*

   c) Der Trend der „rollenden Wohnungen" kommt aus …
   - ☐ Deutschland.
   - ☐ Polen.
   - ☒ Amerika.
   - ☐ Asien.

   Hinweis: *vgl. Z. 15/16*

d) Für seine Modelle verwendet Sebastian Pfeil …

- [ ] neue Campingwagen.
- [ ] neue Zirkuswagen.
- [ ] alte Eisenbahnwagen.
- [x] alte Bauwagen.

Hinweis: *vgl. Z. 1 u. Z. 46*

e) Für den Umbau benötigt Sebastian Pfeil in der Regel …

- [x] vier Monate.
- [ ] sechs Monate.
- [ ] ein Jahr.
- [ ] zwei Jahre.

Hinweis: *vgl. Z. 90/91*

2. ***Hinweis:*** *Hier wird die Bedeutung von zwei Fremdwörtern abgefragt. Schlage zuerst im Duden nach.*

a) „aus der Bredouille helfen“ (Z. 6 f.) bedeutet hier, …

- [ ] Hilfe von jemandem dankend anzunehmen.
- [ ] jemanden in eine schwierige Lage zu bringen.
- [x] jemanden aus einer Notsituation zu befreien.
- [ ] sich um eine Hilfsorganisation zu bemühen.

Hinweis: *Der Duden übersetzt „Bredouille“ mit „Verlegenheit“, „Bedrängnis“. Das entspricht dem Begriff „Notsituation“. „Aus der Notsituation befreien“ wiederum entspricht dem Wort „helfen“.*

b) „Domizil“ (vgl. Z. 38 f.) bedeutet hier, …

- [ ] Sehenswürdigkeit.
- [x] Wohnraum.
- [ ] Gebetshaus.
- [ ] Restaurant.

Hinweis: *Der Duden übersetzt „Domizil“ mit „Wohnsitz, Stätte, wo jemand zu Hause ist“. Alle anderen Vorschläge passen im Zusammenhang nicht.*

3. * **Hinweis:** Lies im Text nach und **unterstreiche** die Sätze, die deiner Meinung nach den Sinn der vorgegebenen Sätze wiedergeben. **Vergleiche** anschließend die unterstrichenen Sätze mit den vorgegebenen Sätzen und **überprüfe**, ob tatsächlich der gesamte Satz Ähnliches ausdrückt. Schreibe die **Zeilenangaben** in die Tabelle. Achte darauf, die Zeilen ganz **genau** zu nennen, das heißt, du musst die Zeile nennen, in der das **erste Wort** des Satzes steht, und die Zeile, in der das **letzte Wort** des Satzes steht.*
*Die vorgegebenen Aussagen sind in der **Reihenfolge** aufgeführt, in der sie **im Text vorkommen**.*

Aussage	**Zeile(n)**
Ein Stift bringt die Ideen von Sebastian Pfeil zu Papier.	Z. 27–29 (Und der Bleistift … dazu einfällt.)
Einige von Sebastian Pfeils „tiny houses" werden nicht als Wohnraum genutzt.	Z. 63/64 (Nicht in allen … gewohnt.)
Außerhalb Deutschlands ist das Leben auf engstem Raum bereits alltäglich.	Z. 114–116 (In anderen Ländern … Alltag.)
Die Wohnfläche der Unterkunft darf eine festgelegte Größe nicht unterschreiten.	Z. 134–136 (Die Wohnung … aufweisen.)

4. ***Hinweis:** Lies dir die Aussagen sehr genau durch und prüfe, ob sie im Text enthalten sind. Manche Aussagen wirst du gar nicht finden, dann sind sie als falsch zu bewerten. Wenn du eine passende Aussage entdeckst, prüfe den Textzusammenhang. Denn manchmal gibt es ähnliche Aussagen, die aber das Gegenteil meinen oder in einem anderen Zusammenhang stehen. Notiere von A–D, ob die Aussage richtig oder falsch ist und kreuze dann entsprechend an.*

a) ☐ Nur A und B stehen im Text.
☐ Nur A und D stehen im Text.
☒ Nur B und C stehen im Text.
☐ Nur C und D stehen im Text.

***Hinweis:** Richtig ist: **Nur B und C stehen im Text.** Zu B: vgl. Z. 119/120. Zu C: vgl. Z. 124/125. A ist falsch: Das schmale Haus hat 14,5 Quadratmeter Wohnfläche und steht in Polen. Auf 5,5 Quadratmetern wohnen viele Familien in Hongkong (vgl. Z. 116–123). D ist falsch: Dazu steht nichts im Text.*

b) ☐ Nur A und B stehen im Text.
☒ Nur A und C stehen im Text.
☐ Nur B und D stehen im Text.
☐ Nur C und D stehen im Text.

✎ ***Hinweis:*** *Richtig ist:* ***Nur A und C stehen im Text.*** *Zu A: vgl. Z. 94. Zu C: vgl. Z. 85 (Dort heißt es, dass er Wert auf die Langlebigkeit legt.) B ist falsch: Das steht nicht im Text. D ist falsch: Im Text heißt es, dass der Preis bei 50 000 € beginnt, es aber keine Obergrenze gibt (vgl. Z. 91/92).*

5. ✎ ***Hinweis:*** *Welche Aspekte (= Gesichtspunkte, Faktoren) beachtet Sebastian Pfeil, wenn er ein tiny house baut? Du kannst die geforderten Aspekte aus dem Text herausschreiben oder zusammenfassend in eigenen Worten formulieren. Du musst hier keine strengen Zitierregeln befolgen und auch keine Zeilen angeben. (Die Zeilenangaben sollen dir hier nur zur besseren Orientierung dienen.)*

Mögliche Lösungen:

- Der Grundriss (maßstabsgerechte Zeichnung) muss stimmen und gut durchdacht sein (vgl. Z. 22–24).
- Er will wissen, was seine Kunden sich vorstellen und wünschen (vgl. Z. 25).
- Es ist wichtig, wo das Haus stehen soll (vgl. Z. 31/32).
- Es muss geklärt werden, ob ein Wasser- und Stromanschluss oder Gasheizung geplant werden sollen und wo Wasser, Strom und Gas herkommen können (vgl. Z. 32–35).
- Er will wissen, ob und wo das Haus bewegt werden soll, ob es also besondere Reifen und eine Zulassung für den Straßenverkehr braucht (vgl. Z. 35–41).
- Er will viel von der alten Substanz (= Material, Bestand) erhalten (vgl. Z. 53–55).
- Das „tiny house“ soll haltbar und umweltverträglich sein. (vgl. Z. 84–87)
- Er muss platzsparend bauen (vgl. Z. 98/99).

6. ✎ ***Hinweis:*** *„Erläutern“ heißt, dass du den jeweiligen Vor- und Nachteil mit eigenen Worten ausführlich, d.h. in mehreren Sätzen darstellst. Es reicht nicht, dass du nur die Textstelle nennst. Die Textstelle (Zeilenangabe) nennst du als zusätzlichen Beleg.*

Mögliche Lösung:
Vorteil: Man kann mit seiner Wohnung umziehen, wenn sie ein Fahrgestell und eine Betriebszulassung hat. Das ist sehr praktisch, denn so muss man keine neue

Wohnung suchen, wenn man in eine andere Stadt zieht. Auf diese Weise spart man hohe Kosten, z. B. für Makler oder Kaution, den Umzug selbst, eine neue Küche oder passende Möbel (vgl. Z. 38–41). Außerdem wohnt man weiterhin in seinen vertrauten vier Wänden.

Nachteil: Ein „tiny house" hat nur etwa 20 Quadratmeter Platz. Das ist nicht viel! Viele Dinge kann man nicht mitnehmen, es wird auf jeden Fall eng und voll. Es ist sehr schwer vorstellbar, dass auf der Fläche eines einigermaßen großen Schlafzimmers neben Bett und Schrank auch noch ein Bad mit Dusche und Toilette sowie eine Küche mit Sitzgelegenheit untergebracht werden sollen. Außerdem besitzt man viele Dinge, die man gerne aufheben möchte, die man aber nicht immer braucht. In einer normalen Wohnung bringt man diese Sachen im Keller unter (vgl. Z. 15–21).

7. ✎ ***Hinweis:*** *Hier musst du dich auf* ***zwei*** *konkrete Textstellen beziehen und mit eigenen Worten erklären,* ***warum*** *die rollenden Wohnungen umweltfreundlich sind.*

Mögliche Lösungen:

- Die „tiny houses" können zum Umweltschutz beitragen, weil Sebastian Pfeil auch erneuerbare Energien nutzt. Beispielsweise Solarenergie (vgl. Z. 34).
- Er verwendet alte Wagen, die sonst verschrottet würden. Das bedeutet, er spart Müll und verbraucht keine neuen Rohstoffe (vgl. Z. 46–55).
- Er achtet sehr auf die Haltbarkeit (Langlebigkeit) seiner Wagen, um nur einen kleinen „ökologischen Fußabdruck" zu hinterlassen (vgl. Z. 85–87).

8. ✎ ***Hinweis:*** *Überlege, worin der Unterschied bestehen könnte. Wann spricht man von einem Haus, wann von einem Zuhause? Du kannst auch im Duden nachschlagen und schauen, was unter diesen beiden Stichwörtern vermerkt ist. Versuche dann, beide Begriffe im Zusammenhang zu erklären.*

Ein Haus ist ein Gebäude, egal wie groß oder klein. Es kann z. B. ein Reihenhaus sein, ein Mehrfamilienhaus mit vielen Wohnungen oder ein Büroturm.
Ein „Zuhause" dagegen meint den Ort, wo man sich zu Hause und wohlfühlt. Es ist der Platz, an dem man wohnt und gerne lebt, der einem vertraut ist und der mit Gefühlen und Erinnerungen verbunden ist.

Teil II: Schreiben

Teil II.A: Textproduktion (Wahlaufgabe)

a) ✎ ***Hinweis:*** *Beim Beschreiben geht es in erster Linie um* ***Genauigkeit****. Der Leser soll sich ein* ***konkretes Bild*** *von dem Beschriebenen machen können. Achte beim Verfassen einer* ***Gegenstandsbeschreibung*** *auf folgende Punkte: Halte dich an eine* ***sinnvolle Reihenfolge****. Du kannst z. B. nach dem Prinzip* ***„vom Wichtigen zum Unwichtigen"*** *vorgehen, dann beschreibst du zuerst die Dinge, die sofort ins Auge fallen, und anschließend die Einzelheiten. Oder du gehst nach dem Prinzip „****vom Ganzen zum Teil****" vor. Dann beschreibst du zuerst das gesamte Erscheinungsbild und danach die Einzelheiten. Logische Reihenfolgen wären z. B. auch „****von außen nach innen****" (und umgekehrt) oder „****von vorne nach hinten****" (und umgekehrt).*

Beginne damit, dir dein kleines Haus ***vorzustellen****, schaffe dir Fantasiebilder. Berücksichtige laut Aufgabenstellung folgende Punkte:* ***Äußeres und Inneres*** *des Hauses,* ***Standort****,* ***Ausstattung****,* ***Einrichtung****,* ***Farben*** *und* ***Materialien****. Du kannst dir als Hilfe auch einen Grundriss zeichnen. Je besser du dir selbst das Haus vorstellen kannst, desto* ***anschaulicher und nachvollziehbarer*** *kannst du es auch für andere beschreiben. Denke an die Maße und Größenverhältnisse des Hauses. Nehmen wir an, dein „tiny house" ist 2,50 Meter breit und 8 Meter lang. Ein großer Klassenraum ist ungefähr 8 Meter lang. 2,50 Meter entsprechen etwa der aufgeklappten Tafel. Dein Haus ist also ziemlich lang und sehr schmal. Ein Bett ist 2 Meter lang, wenn du es quer ins Haus stellst, bleibt nicht mehr sehr viel Platz. Also musst du in der Länge die Bereiche schaffen, die du benötigst. Auch die Höhe solltest du optimal ausnutzen. Überlege: Was brauchst du auf jeden Fall in deinem „tiny house"? Was hättest du gerne?*

- *Schlafbereich für ein bis zwei Personen*
- *WC und Dusche oder Badewanne*
- *Küche mit Essbereich*
- *Wohnbereich*
- *Terrasse*
- *Platz für eine Waschmaschine*
- *…*

Soll dein Haus mobil sein? Wo sollen Tür und Fenster eingebaut werden? Wie möchtest du heizen?

Es gibt viel zu überlegen. Beginne am besten mit der geplanten Nutzung und dem Standort. Beschreibe anschließend die Farbe und die Außenansicht deines Hauses, zum Schluss die Inneneinrichtung und den Komfort.

*Finde zum Schluss eine passende **Überschrift** für deinen Text. Schreibe im **Präsens**. Bilde abwechslungsreiche Sätze, sonst wird die Beschreibung leicht langweilig. Prüfe zum Schluss **Rechtschreibung**, **Zeichensetzung** und **Grammatik**.*

Mein Traumhaus auf Rädern

treffende Überschrift

Seit ich auf YouTube einen Film über die „tiny houses“ von Sebastian Pfeil, also kleine Häuser aus alten Bau- oder Zirkuswagen, gesehen habe, träume ich davon, in einem solchen Haus zu wohnen. Ich finde es fantastisch, dass man sein Zuhause mitnehmen kann. Das macht unabhängig und flexibel. Außerdem kommt man so gar nicht auf die Idee, zu viel unnützes Zeug anzuhäufen. Ich habe mir fest vorgenommen, darauf hinzuarbeiten und zu sparen. Bis dahin entwickle ich mein Traumhäuschen in Gedanken immer weiter.

Einleitung
kurze Hinführung zum Thema, Nennung des Gegenstands der Beschreibung

Auf jeden Fall muss mein „tiny house“ beweglich und straßentauglich sein. Dann kann ich mit ihm umziehen und sogar Campingplätze nutzen. Deshalb sollte es auch nicht zu lang sein, sondern nur etwa 8 Meter. Wenn ich länger irgendwo bleiben will, muss ich ein Grundstück mieten. Zuerst würde ich aber auf dem Grundstück meiner Großeltern bleiben. Sie würden sich freuen und ich könnte morgens die Kirschen vom Baum pflücken oder Erdbeeren von den Sträuchern. Wenn ich die Augen schließe, sehe ich mein Traumhaus vor mir.

Hauptteil
Standort

Es ist blau, Fenster und Türen sind in weiß abgesetzt. Die Eingangstür ist in der vorderen Schmalseite, über der Anhängerkupplung. Die Tür ist wie der ganze Wagen aus Holz. Im oberen Teil der Tür sind Glasfenster, neben der Tür ist ein weiteres Fenster, damit genug Licht ins Innere gelangt. Wenn der Wagen steht, wird eine Holzplatte über die Kupplung gelegt und eine breite Holztreppe angebracht. So entsteht ein komfortabler Eingang mit einer kleinen Terrasse. Auch an den Längsseiten sind Fenster. An der Rückseite gibt es nur ein kleines Klappfenster zur Belüftung, denn dort ist mein Bad.

das Äußere des „tiny houses“
Farben, Ausstattung (Tür, mehrere Fenster, Treppe, Terrasse), Materialien

Im vorderen Bereich des Wagens ist die Küche. Sie ist aus weißem Holz, auch das Spülbecken ist aus weißer Keramik. Eine Spülmaschine brauche ich nicht. Da ich gerne koche, habe ich mir einen kleinen Gasherd aus Edelstahl ausgesucht. Er steht neben der Spüle. Darunter steht die Gasflasche. Der Gasherd steht unter dem Fenster, das sich nach außen öffnen lässt, so können Dampf und Gerüche abziehen. An der Wagenwand gegenüber ist ein hoher Schrank eingebaut, natürlich auch in Weiß. Dort bewahre ich mein Geschirr, die Bett- und Tischwäsche und meine Vorräte auf. An seiner Seite ist ein Brett befestigt, das ich als Esstisch herunterklappen kann, wenn Gäste kommen.

das Innere des Hauses
Einrichtung, Ausstattung, Materialien Farben
Küche

Im mittleren Teil steht auf der Küchenseite ein gemütliches Sofa aus blau-grün gemustertem Stoff, davor ein kleiner flacher Couchtisch aus schwarzem Metall. Gegenüber steht mein Fernseher mit der Playstation auf einem Wagen mit Rollen. Von dieser Seite aus führt entlang der Wand eine Treppe nach oben, denn ich habe das Dach mit einer Gaube ausbauen lassen. So ist Platz für einen Zwischenboden, auf dem mein Bett steht. Weil die Gaube ganz aus Glas ist, kann ich nachts die Sterne sehen. Unter der Treppe ist ein Kleiderschrank eingebaut und es gibt Regale für Bücher.

Wohnbereich

Schlafbereich

An der hinteren Seite des Wagens ist mein Bad untergebracht. Es hat eine Toilette, eine Dusche und ein kleines Waschbecken, ähnlich wie in einem Wohnmobil. Wo das Wasser herkommt (und hingeht), muss ich noch herausfinden.

Bad

Mein Haus hat alles, was ich brauche!

abrundender **Schlusssatz**

(503 Wörter)

b) ✎ ***Hinweis:*** *Beim Erzählen geht es darum, ein* ***Ereignis*** *oder eine* ***Handlung*** *auf* ***anschauliche Weise*** *darzustellen. Hier sollst du eine Geschichte erzählen, in der ein verlassenes Gebäude zu einem wichtigen Treffpunkt für eine Gruppe Jugendlicher wird. Du hast praktisch keine Vorgaben und kannst deiner Fantasie freien Lauf lassen. Das birgt allerdings auch die Gefahr, dass du den Fortschritt der Handlung nicht im Auge behältst und die Geschichte langatmig wird. Verfasse deshalb zunächst einen* ***Entwurf****, in dem du die* ***Personen*** *und die* ***Handlung skizzierst****. Frage dich: Wer sind die handelnden Personen? Wo steht*

das verlassene Gebäude? Wie sieht es aus? Was soll geschehen? Welche Rolle spielt dabei das Gebäude? Was ist der Höhepunkt der Erzählung?
Entscheide, welche ***Erzählperspektive*** *du wählen willst. Bist du als Ich-Erzähler*in dabei? Erzählst du aus der Perspektive einer handelnden Person? Oder als allwissender Erzähler? Verwendest du die „klassische"* ***Zeitform****, also das Präteritum (1. Vergangenheit) oder entscheidest du dich für das Präsens (Gegenwart)?*
Zu Beginn, in der ***Einleitung*** *deiner Erzählung, solltest du kurz die Ausgangssituation darstellen sowie den Handlungsort und die Figuren nennen.*
Im ***Hauptteil*** *erzählst du von den Jugendlichen und ihrem Erlebnis in dem verlassenen Haus. Achte auf einen schlüssigen Handlungsaufbau, es muss ein „roter Faden" erkennbar sein; denke daran, dass die Spannung sich steigern sollte. Nach dem Höhe- bzw. Wendepunkt (der Punkt, an dem die Erzählung in eine Richtung umschlägt, die nicht vorhersehbar war) folgt ein kurzer* ***Schluss****.*
Gehe auch auf die ***Gedanken und Gefühle*** *deiner Hauptfigur(en) ein. Was denkt/denken und fühlt/fühlen sie in dem verlassenen Haus?*
Gestalte deine Erzählung lebendig, indem du ***wörtliche Rede*** *verwendest sowie* ***anschauliche Adjektive*** *und* ***treffende Verben*** *benutzt.*
Vergiss nicht, eine ***passende Überschrift*** *für deine Erzählung zu finden.*
Überprüfe abschließend: Sind die Satzanfänge und der Satzbau ***abwechslungsreich****? Ist die Wortwahl treffend?* ***Vermeidest*** *du* ***Wiederholungen****? Sind* ***Rechtschreibung****,* ***Zeichensetzung*** *und* ***Grammatik*** *in Ordnung?*

Die verbotene Grillparty

treffende Überschrift

Selina, Nour und Christian besuchten eine Gesamtschule in der Innenstadt. Seit der Grundschule waren sie befreundet, jetzt waren sie fünfzehn und in der 9. Klasse. Alle drei wohnten in derselben Straße, wo die schmalen alten Häuser keine Gärten und keine Balkone hatten. Selina und Nour teilten jeweils ein Zimmer mit ihren Schwestern, Christian musste zu Hause immer Rücksicht nehmen, denn sein Vater arbeitete im Schichtdienst und brauchte tagsüber Ruhe.

Einleitung
Darstellung der Ausgangssituation
Ort der Handlung, Figuren

Für die Freunde hieß das, dass sie sich immer draußen treffen mussten. Im Sommer war das in Ordnung, der Schulhof war geöffnet und das Flussufer nicht weit. Aber jetzt war es Winter, ein kalter, regnerischer Winter.

Hauptteil
Zeit der Handlung

Trotzdem hatte keiner von ihnen Lust, allein zu Hause zu bleiben, sie langweilten sich und waren sicher, dass der Nachmittag mit den Freunden lustiger wurde. Über ihre WhatsApp-Gruppe verabredeten sie sich am Kiosk vor Selinas Haus. Ziellos schlenderten sie in Richtung auf die Hafeninsel. Diesen Weg waren sie schon oft gegangen, aber jetzt fiel ihnen auf, dass die alte Seifenfabrik geschlossen war. „Vielleicht werden hier auch wieder schicke Wohnungen gebaut", meinte Christian. „Egal", erwiderte Selina, „die sind viel zu teuer. Aber guck mal, da ist ein Tor offen. Lasst uns reingehen." Nour widersprach ängstlich: „Das ist doch bestimmt verboten, wir bekommen Ärger!" „Ach was", murmelte Christian, „wir gucken doch nur mal." Er spürte bereits ein Kribbeln im Bauch, ihn hatte die Entdeckerlust gepackt. Nour war also überstimmt und sie zwängten sich durch die Öffnung im Tor. Ganz offensichtlich wurde hier nicht mehr gearbeitet, mehrere Gebäudeteile standen verlassen da. Die Jugendlichen befanden sich jetzt vor einem niedrigen Gebäude und stellten überrascht fest, dass die Tür offen stand. Sie gingen hinein und befanden sich in einem noch voll eingerichteten Büro. Nachdem sie sich kurz umgeschaut hatte, setzte Selina sich in den großen schwarzen Bürostuhl. „Ganz schön bequem", stellte sie fest und drehte sich dabei um die eigene Achse. Die anderen beiden taten es ihr nach und probierten das Besuchersofa aus. Draußen begann es heftig zu regnen. Sie beschlossen, es sich hier gemütlich zu machen, und packten ihre Handys aus. Nour hatte eine Tüte Chips dabei und so merkten sie kaum, wie die Zeit verging. Erst am späten Nachmittag machten sie sich auf den Heimweg.

das verlassene Gebäude

wörtliche Rede

Gedanken und Gefühle: Ängstlichkeit, Aufregung

Höhepunkt 1 Entdeckung eines noch voll eingerichteten Büros

In den folgenden Wochen kamen sie regelmäßig wieder und brachten immer öfter etwas zu essen und zu trinken, eine Musikbox und sogar ihre Schulsachen mit, damit sie gemeinsam Hausaufgaben machen konnten.

Eines Tages kam Christian auf die Idee, abends eine kleine Grillparty zu veranstalten. Gemeinsam besorgten sie einen Wegwerfgrill, verschiedene Sorten Würstchen und genügend Getränke. Ihren Eltern erzählten sie, dass die Klasse

Spannungsaufbau: Was wird passieren?

sich in der Schule treffen würde. Nour hatte eigentlich nicht mitmachen wollen, weil sie ihre Eltern nicht anlügen wollte, ließ sich dann aber doch umstimmen. Und sie hatten viel Spaß. In „ihrem" Büro in der alten Fabrik drehten sie die Musik laut auf, die Mädchen tanzten ausgelassen durch die Räume. Die Würstchen schmeckten hervorragend und sie blieben, bis Nour gegen 20 Uhr sagte: „Jetzt muss ich wirklich nach Hause." Die beiden anderen waren einverstanden und packten die Sachen zusammen.

Gedanken und Gefühle: Gewissensbisse, die Eltern anzulügen

Doch als sie gehen wollten, stellten sie fest, dass das große Tor, durch das sie immer problemlos herein- und herausgelangt waren, plötzlich verschlossen war. Sie rüttelten und drückten, es bewegte sich keinen Zentimeter! Die Mauer war viel zu hoch, um darüber zu klettern. Was sollten sie jetzt tun? „Wir rufen unsere Eltern an, die holen die Feuerwehr." schlug Nour vor, sie war wirklich der Angsthase in der Gruppe, „Bist du verrückt?", rief Christian, „einen solchen Einsatz muss man bezahlen und das wird richtig teuer." „Wartet mal", sagte Selina, „draußen am Zaun hängt doch so ein Schild, da steht drauf ‚Hier wacht Haus-Watch' … oder so." „Na und? Was soll uns das nützen?", fragte Christian. „Wir suchen die Nummer und rufen dort an", sagte Selina. „Dann müssen wir vielleicht den Eltern nichts erzählen." Da Nour und Christian keine bessere Idee hatten und es mittlerweile sehr dunkel war, stimmten sie zu. Selina fand die Nummer schnell heraus und rief an. Eine freundliche weibliche Stimme fragte, um was es ging.

Höhepunkt 2
das Tor nach draußen ist verschlossen

Selina gab ehrlich zu, was passiert war und die Dame versprach, einen Security-Mitarbeiter vorbeizuschicken. Schon nach 15 Minuten wurde das Tor geöffnet. Ängstlich warteten die Freunde auf eine Standpauke. Der Sicherheitsmann schaute sie grimmig ab – bis Nour fragte: „Möchten Sie vielleicht ein Lammwürstchen? Wir haben noch eins. Sie schmecken sehr lecker."

Auflösung

Da musste er lachen und prustete: „Na, da habt ihr ja ein tolles Grillfest gehabt." Dann wurde er ernst: „Wisst ihr nicht, dass es sehr gefährlich ist, sich in verlassenen Gebäuden aufzuhalten? Es kann zu Einstürzen, Gas- oder

Stromunfällen kommen. Oder ihr begegnet Menschen, die es nicht so gut mit euch meinen. Tut das nie wieder! Und jetzt ab nach Hause, aber schnell."

Die drei Freunde bedankten sich mehrmals und machten sich zügig auf den Heimweg. Sie waren mit einem blauen Auge davongekommen und versprachen sich, zukünftig kein verbotenes Terrain mehr zu betreten. **Schluss**

(769 Wörter)

Teil II.B: Sprachliche Richtigkeit

Die Aufgaben zum Teil II.B (Sprachliche Richtigkeit) sind in der Prüfung für Text 1 und Text 2 gleich. Die Lösungen sind in diesem Buch deshalb nur einmal abgedruckt. Du findest sie am Ende der Lösungen zu Text 1.

Teil I: Lesen

Hinweis: *Klaus Kordon ist ein Schriftsteller, der 1943 in Ost-Berlin geboren wurde und bis 1973 in der ehemaligen DDR lebte. 1972 war er nach einem missglückten Fluchtversuch in den Westen festgenommen, im Jahr darauf von der Bundesrepublik freigekauft worden. Kordon schreibt überwiegend Kinder- und Jugendbücher mit historischen Themen. Er hat viele Literaturpreise erhalten, darunter 2016 den Deutschen Jugendliteraturpreis für sein Gesamtwerk.*
Du liest hier einen Auszug aus dem Roman „Hadscha, ich und der Himmel über der Pampa" aus dem Jahr 2016. Im Vorspann erfährst du, dass Matti mit dem Fahrrad von zu Hause abgehauen ist, weil er Ärger mit der Schule, den Eltern und „irgendwelchen Liebesgeschichten" hat. Er fährt in ein kleines Dorf, wo er Inka, ein Mädchen, für das er schwärmt, sucht. Die Leserinnen und Leser erfahren allerdings nicht, wie lange er schon unterwegs ist, ob seine Eltern Bescheid wissen und wo er übernachtet. Der Auszug setzt ein, als Matti das Grundstück von Inkas Familie wieder verlassen will, da er sie dort nicht angetroffen hat. Ein alter Mann stellt sich ihm in den Weg und will wissen, was er dort zu suchen hat.

1. a) Matti …

   - [x] ist mit dem Fahrrad unterwegs.
   - [ ] macht Urlaub in Seldwitz am See.
   - [ ] reist mit einem mobilen Landladen.
   - [ ] ist auf einer Winterwanderung.

   Hinweis: *vgl. Vorspann*

   b) Als Matti noch nicht weit gefahren ist, begegnet ihm …

   - [x] ein Dorfbewohner.
   - [ ] Elena.
   - [ ] Herr Wendt.
   - [ ] Inka.

   Hinweis: *vgl. Z. 2*

c) Hadscha …

- ☐ ist mit den Wendts verwandt.
- ☒ raucht Pfeife.
- ☐ geht zu einer Party.
- ☐ weiß, wo Inka ist.

Hinweis: *vgl. Z. 3*

d) Hadscha bedauert, dass …

- ☐ der mobile Landladen Elena gehört.
- ☐ er früher Mittelstürmer war.
- ☐ Mattis Fahrrad teuer gewesen ist.
- ☒ bei ihnen im Dorf nichts los ist.

Hinweis: *vgl. Z. 113*

e) Matti …

- ☐ wohnt bei Inka.
- ☐ verkauft Besen.
- ☒ sucht einen Lebensmittelladen.
- ☐ war früher Mittelstürmer.

Hinweis: *vgl. Z. 120–124*

2. a) „Das hatte viel zu verzagt geklungen; …“ (Z. 16 f.) bedeutet hier, dass jemand …

- ☐ überzeugend klingt.
- ☐ zärtlich spricht.
- ☒ verunsichert klingt.
- ☐ absichtlich seine Stimme verstellt.

Hinweis: *„Verzagen“ bedeutet laut Duden „mutlos werden“. Der Ich-Erzähler bedauert, dass er so leise gesprochen hat, dass es wie ein Schuldeingeständnis geklungen hat. Er klingt also unsicher.*

b) „braves Sümmchen“ (Z. 99) bedeutet hier …

- ☐ harmloses Ergebnis.
- ☐ ausländische Währung.

☐ nur Münzen.

☒ viel Geld.

Hinweis: *Das kann man nur aus dem Zusammenhang erschließen, also aus der Antwort von Matti: „Gute Räder sind nicht billig." (Z. 100)*

3. ***Hinweis: Unterstreiche** die Sätze im Text, die deiner Meinung nach den Sinn der vorgegebenen Sätze wiedergeben. **Vergleiche** diese Sätze mit den vorgegebenen Sätzen und **prüfe**, ob wirklich der ganze Satz Ähnliches ausdrückt. Schreibe dann die **Zeilenangaben** in die Tabelle. Nenne die Zeile, in der das **erste Wort** des Satzes steht, und die Zeile, in der das **letzte Wort** des Satzes steht.*
*Die vorgegebenen Aussagen sind in der **Reihenfolge** aufgeführt, in der sie **im Text vorkommen**.*

Aussage	**Zeile(n)**
Matti fiel nicht ein, wie er das Einsteigen in den unbekannten Garten rechtfertigen sollte.	Z. 25
Matti entschied sich, zum Wesentlichen überzugehen.	Z. 120
Nun hatte er sich verplappert.	Z. 145 (Duden: plappern = viel und gerne reden)
Matti stimmte zu und hatte den Mut, sich nach Inka zu erkundigen.	Z. 158/159

4. ***Hinweis:** Lies die Aussagen und prüfe, ob du sie im Text findest. Das ist nicht schwer, wenn du die Beschreibung von Hadscha (vgl. Z. 3–6 und Z. 27–41) sowie Hadschas Klage über das Dorf (vgl. Z. 125–137) sorgfältig gelesen hast. Notiere von A–D, ob die Aussage richtig oder falsch ist, und kreuze dann an.*

a) ☐ Nur A und B stehen im Text.

☒ Nur A und D stehen im Text.

☐ Nur B und C stehen im Text.

☐ Nur C und D stehen im Text.

***Hinweis:** Richtig ist: **Nur A und D stehen im Text.** Zu A: vgl. Z. 31–35. Zu D: vgl. Z. 3/4. B ist falsch: Der alte Mann trägt eine Brille (vgl. Z. 29–31). C ist falsch: Er trägt kein buntes, sondern ein weißes Hemd (vgl. Z. 40).*

b) ☐ Nur A und C stehen im Text.
☐ Nur A und D stehen im Text.
☐ Nur B und C stehen im Text.
☒ Nur B und D stehen im Text.

Hinweis: Richtig ist: ***Nur B und D stehen im Text****. Zu B: vgl. Z. 125. Zu D: vgl. Z. 135–137. A und C sind falsch.*

5. ***Hinweis:*** *Versuche, die Vorkommnisse in die richtige Reihenfolge zu bringen. Wenn du dir nicht sicher bist, schau noch mal in den Text. Beachte, dass hier nur einige der Situationen genannt werden, die in der Geschichte vorkommen.*

Vorkommnis	**Nummerierung**
Matti erzählt Hadscha, dass er alleine in einem Zelt schläft.	**2** (vgl. Z. 54)
Hadscha berichtet Matti von dem mobilen Dorfladen, bei dem man vieles kaufen kann.	**4** (vgl. Z. 135–141)
Matti hat Angst, dass Hadscha misstrauisch wird und sich fragt, wozu er einen Besen in seinem Zelt braucht.	**5** (vgl. Z. 145–148)
Hadscha erzählt, woher er seinen Spitznamen hat.	**3** (vgl. Z. 80–85)
Ein alter Mann tritt Matti in den Weg.	**1** (vgl. Z. 1/2)
Matti fragt Hadscha nach Inka.	**6** (vgl. Z. 159/160)

6. ***Hinweis:*** *Erkläre an einem* ***Beispiel aus dem Text****, was mit dieser Aussage gemeint sein könnte. Das bedeutet, du musst dich auf eine Textstelle beziehen, aber mit deinen* ***eigenen Worten*** *erklären, warum Hadschas Aussehen und seine Kleidung originell (sonderbar, eigenartig, ungewöhnlich) sind. Um die Textstelle zu nennen, hast du drei Möglichkeiten: Du zitierst sie vollständig, du nennst nur die Zeilen (wie in der angebotenen Lösung hier) oder du fasst sie sinngemäß zusammen.*
Falls du zitierst, musst du die Zitierregeln beachten, um die volle Punktzahl zu erreichen:

- *Du schreibst die ganze Textstelle ab, wenn sie nicht zu lang ist. Bei einem sehr langen Zitat ist es möglich, nur den Anfang und das Ende aufzuschreiben. Den ausgelassenen Teil kennzeichnest du mit eckigen Klammern: […]*
- *An den Anfang und das Ende der zitierten Textstelle setzt du Anführungszeichen.*
- *Am Ende des Zitats nennst du in Klammern die Zeile, in der die Textstelle beginnt, und die, mit der sie endet.*
- *Wenn im Zitat eine wörtliche Rede vorkommt, setzt du diese in einfache Anführungszeichen (an den Anfang der wörtlichen Rede ein Komma, ans Ende einen Apostroph).*
- *Die Textstelle kann, muss aber kein ganzer Satz sein.*

Hadscha hat lange weiße Haare, während die meisten alten Männer ihre Haare kurz geschnitten tragen oder kaum noch welche haben. Er scheint sich nicht um sein Aussehen zu kümmern, der Bart ist nicht rasiert, der Schnäuzer vom vielen Rauchen gelb geworden. Die Brille ist nicht geputzt, sondern verstaubt. Seine Nase und seine Augenbrauen sind auffällig (vgl. Z. 28–35).
auch möglich: Hadschas Kleidung ist ungewöhnlich, weil sie kaum zusammenpasst. Er trägt alte, zu weite Jeans und dazu eine Anzugjacke. Diese Kleidungsstücke sehen eher abgetragen aus. Ein frisches, weißes Hemd steht im Kontrast dazu (vgl. Z. 35–41).

7. a) ✎ ***Hinweis:*** *Schreibe in ganzen Sätzen mit eigenen Worten. Auch hier kannst du wieder zitieren, auf die Stellen verweisen (vgl. Z. x–y) oder die Aussagen zusammenfassen.*

Am Anfang der Begegnung verhält Matti sich wie ein Dieb, den man ertappt hat. Hadscha tritt Matti plötzlich in den Weg. Matti ist erschrocken, weil er sich erwischt fühlt; es sieht so aus, als sei er in einen fremden Garten eingedrungen, um zu stehlen. Er muss stehen bleiben und sich von Hadscha befragen lassen (vgl. Z. 1–9). *Oder:*
Matti fühlt sich schuldig und ist verlegen und unsicher. Das wird z. B. an dem leisen „Hallo!" (Z. 15) deutlich, mit dem er Hadscha antwortet. Mattis Verlegenheit wird auch daran sichtbar, dass er nichts sagt und Hadscha zunächst lange anschaut. Er weiß nicht, wie er seinen Aufenthalt im Garten der Familie Wendt erklären soll, deshalb wartet er, bis Hadscha ihn danach fragt (vgl. Z. 15–42).

b) *__Hinweis:__ „Erläutern" bedeutet, dass du mit eigenen Worten die Veränderung von Hadschas Verhalten aufzeigst. Dazu ziehst du eine oder mehrere Textstellen heran, die du zitierst, mit Zeilenangaben kenntlich machst oder zusammenfasst*

Zu Beginn ist Hadscha misstrauisch, denn er erwischt Matti beim Verlassen des Grundstücks der Familie Wendt. Er muss glauben, dass Matti versucht hat, dort einzubrechen oder etwas Unerlaubtes zu tun. Er fordert eine Erklärung, indem er fragt, ob Matti eine Unterkunft sucht (*Paraphrase/Wiedergabe von Z. 42)*. Hadscha glaubt Matti, als dieser ihm von seiner früheren Bekanntschaft mit Inka erzählt, und ist erleichtert, dass er keinem Dieb begegnet ist. „Im Gesicht dieses seltsamen alten Mannes ging die Sonne auf. Im breitesten Kinoformat freute er sich darüber, keinen verhinderten Dieb vor sich zu haben." *(Zitat Z. 73–76)*

8. *__Hinweis:__ Es gibt sowohl Gründe für eine Zustimmung zu der Behauptung als auch Gründe für eine Ablehnung der Behauptung. Aus dem Romanausschnitt geht nicht hervor, wo Matti während seiner Fahrradtour wohnt. Wir wissen nur, dass er behauptet, in einem Zelt zu wohnen, was nicht stimmt. Dass er hier gelogen hat, erfahren wir in den Zeilen 145–148.*
Sage als Erstes, ob du der Behauptung zustimmst oder ob du sie ablehnst. Anschließend begründest du deine Zustimmung oder Ablehnung ausführlich. Beziehe dich dabei unbedingt auf den Text.

Zustimmung
Matti hätte die Wahrheit sagen müssen. Er hat nichts angestellt und damit nichts zu verbergen. Trotzdem schwindelt er und muss jetzt sehr aufpassen, was er sagt. Das gelingt ihm schon beim nächsten Thema nicht, als er nach einem Besen fragt, den er natürlich im Zelt nicht braucht. Wenn Hadscha das auffiele, würde sein Vertrauen in Matti erschüttert. Außerdem führt eine Lüge häufig zur nächsten, sodass man am Ende in einem Netz von Lügen gefangen ist.

Ablehnung
Matti hatte recht, nicht die ganze Wahrheit zu sagen. Er ist erst 16, von zu Hause abgehauen und allein in einer einsamen Gegend mit dem Fahrrad unterwegs. Hadscha ist ein fremder Mann für ihn, er sollte zurückhaltend und vorsichtig sein. Matti kann nicht wissen, ob der sonderbare Mann wirklich harmlos und nett ist. Insofern hat er verantwortungsbewusst gehandelt, indem er seinen wirklichen Unterschlupf nicht preisgegeben hat.

Teil II: Schreiben

Teil II.A: Textproduktion (Wahlaufgabe)

a) ✎ ***Hinweis:*** *Bei einer Beschreibung soll sich der Leser/die Leserin ein genaues Bild von dem Beschriebenen machen, sich also das Beschriebene* ***genau vorstellen*** *können.*
Achte auf Folgendes:
- *Im Arbeitsauftrag steht bereits, welche* ***Aspekte*** *(Gesichtspunkte) du bei der Beschreibung des mobilen Landladens berücksichtigen musst. Gehe auf* ***alle*** *Punkte ein:* ***Größe und Ausstattung****,* ***Zielgruppe****,* ***Öffnungszeiten****,* ***Sortiment****,* ***Betreiber bzw. Betreiberin****.*
- *Es ist sinnvoll, mit dem Betreiber (oder der Betreiberin), also dem Besitzer, und der Zielgruppe, also den Kunden, zu beginnen.*
- *Halte dich bei der Beschreibung von Ausstattung und Sortiment an eine* ***sinnvolle Reihenfolge*** *(z. B. vom Wichtigen zum Unwichtigen oder eine räumliche Reihenfolge: von links nach rechts, von vorne nach hinten).*
- *Verwende* ***Adjektive und Fachbegriffe****, die Aussehen, Material und Funktionsweise beschreiben.*
- *Schreibe im* ***Präsens****.*

Prüfe deinen Text*, bevor du die Reinschrift anfertigst. Ist er sinnvoll gegliedert, springst du also nicht hin und her? Sind Satzbau und Wortwahl abwechslungsreich? Vermeidest du unschöne Wiederholungen? Lies deinen Text am Schluss mindestens noch einmal mit Blick auf Rechtschreibung, Grammatik und Zeichensetzung durch.*

Das Taunusmobil

treffende Überschrift

Einleitung
Hinführung zum Thema
Zielgruppe eines mobilen Landladens

Im Hintertaunus gibt es viele kleine Dörfer. In kaum einem von ihnen gibt es noch Geschäfte oder Restaurants. Die Busse in die nächsten größeren Orte fahren selten. Aber nicht jeder Dorfbewohner und jede Dorfbewohnerin hat ein Auto zur Verfügung. Besonders alte Leute sind darauf angewiesen, dass ihnen Lebensmittel und Dinge des alltäglichen Bedarfs mitgebracht oder geliefert werden.

Hauptteil
Beispiel: „Taunusmobil"
Betreiberin

Das tut das Taunusmobil, ein mobiler Landladen, den Irma Kleinhagen betreibt. Vor 5 Jahren kommt sie auf die Idee, sich mit einem solchen Laden selbstständig zu machen. Zu dieser Zeit besucht sie regelmäßig ihre Oma, die allein in einem 50-Häuser-Dorf lebt, und versorgt sie mit dem Nötigsten. Dabei erfährt Irma, dass es vielen, besonders älteren Menschen im Hintertaunus genauso geht. Sie sind auf Verwandte und Freunde angewiesen, die ein Auto besitzen.

Beschreibung des Wagens:
- Größe und Ausstattung
- Funktionsweise
- Materialien

Irma Kleinhagen kauft einen gebrauchten Kastenwagen und lässt ihn in einer Werkstatt so umbauen, dass eine der Seitenwände auf halber Höhe aufzuklappen ist. Darüber ist am Wagendach eine ausrollbare Markise befestigt, damit die Kundinnen und Kunden bei Regen geschützt stehen. Im Inneren des Wagens befindet sich an dieser Seite die Auslage für die frischen Waren, die durch eine Plexiglasscheibe mit Ablage für Geld und Waren geschützt werden. Die Auslage liegt auf einem großen batteriebetriebenen Kühlaggregat. An der Seitenwand gegenüber sind Regale für verpackte Lebensmittel befestigt. An dieser Wand ist auch ein Edelstahlwaschbecken mit einem 100-Liter-Kanister darunter montiert. Irma muss sich regelmäßig die Hände waschen und z. B. die Käse- und Wurstmesser reinigen.

Öffnungszeiten

Der mobile Landladen fährt täglich von Dienstag bis Samstag über die Dörfer. Ihre Touren hat Irma Kleinhagen so geplant, dass sie jedes ihrer Dörfer dreimal in der Woche besucht. Sie bleibt immer 45 Minuten. Die Dorfbewohnerinnen und -bewohner kennen Irmas Zeitplan und warten oft schon am Standplatz.

Sortiment

Irma hat frisches Brot und Brötchen, Käse und Wurst, Fleisch, Obst und Gemüse im Sortiment. Auf Bestellung kann sie (fast) alle Wünsche erfüllen. Immer dabei hat sie Getränke und eine große Auswahl an abgepackten Lebensmitteln, vom Kaffeepulver bis zum Hundefutter.

Preise

Natürlich ist es bei Irma ein bisschen teurer als im Supermarkt. Dafür kommt sie sozusagen bis an die Haustür, die Kundinnen und Kunden haben selbst keine Bus- oder Benzinkosten.

Schlusssatz

Und – für die meisten ist es eine willkommene Gelegenheit für ein kleines Schwätzchen. (367 Wörter)

b) *✎ **Hinweis:** Du sollst die **Geschichte** einer Gruppe von Jugendlichen **erzählen**, die im Wald zeltet. Dabei sollst du auch auf ihre Erfahrungen und Erlebnisse beim Zelten eingehen.*
*Als Erzähler/Erzählerin hast du viele Freiheiten. Hier sind dir nur das **Thema** (Zelten), der **Ort** (Wald) und die **Personen** (Jugendliche) vorgegeben. Die **Handlung** (was sie erleben), die **Zeit** (wann) und den **Grund** (warum) ihres Ausflugs sowie die **Art** (wie) und die **Folgen** der Ereignisse musst du dir selbst ausdenken. Überlege dir die Ausgestaltung dieser Punkte anhand einer **Gliederung**.*
*Gehe auch auf **Gedanken und Gefühle** deiner Figuren ein. Was denken und was fühlen sie bei ihrem Abenteuer? Indem du **wörtliche Rede** verwendest, wird deine Geschichte anschaulich.*
*Beachte, dass eine gute Erzählung eine **Spannungskurve** hat, die auf einen Höhepunkt zuläuft. Am Schluss erfolgt dann die Auflösung.*
*Du kannst in der **Ich- oder der Er-Form** schreiben. Bleibe aber auf jeden Fall bei der einmal gewählten Perspektive.*
*Du kannst auch entscheiden, welche **Zeitform** du verwendest, Präsens (Gegenwart) oder Präteritum (Vergangenheit), wie in der vorliegenden Erzählung. Es gilt aber wieder: Bleibe bei der einmal gewählten Zeitform.*
***Überprüfe** abschließend deinen Text. Sind Satzanfänge und Satzbau abwechslungsreich? Ist die Wortwahl treffend, vermeidest du Wiederholungen? Sind Rechtschreibung, Zeichensetzung und Grammatik in Ordnung?*

Gefräßige Besucher

passende Überschrift

Einleitung
Darstellung der Ausgangssituation
Ort der Handlung, Figuren

Theo, Can, Pavel und Maik haben ihre Hauptschulabschlussprüfung geschrieben. Ihre Klassenlehrerin hat ihnen schon die Ergebnisse mitgeteilt. Alle vier Jungen haben Zweien und Dreien in allen Fächern. Ihre Eltern sind sehr zufrieden und erlauben ihnen, für eine Nacht am Keilersee zwischen Forellengut und Hirschgarten zu zelten, zum ersten Mal ohne Eltern.

Hauptteil
Zeitform: Präsens, Perspektive: Er-Form
wörtliche Rede

Maiks Mutter fährt die Jungs sogar bis fast zum See und gibt ihnen viele Sandwiches und gute Ratschläge mit. „Denkt an die Ameisen, die krabbeln überall hin, besonders ins Essen“, mahnt sie. „Jaaaa, Mama!“ Maik ist froh, als seine Mutter endlich weggefahren ist. Gemeinsam bauen sie das große Zelt auf. Das ist nicht ganz einfach, besonders die Reihenfolge der Montage macht ihnen Probleme, aber schließlich ist es geschafft und allen ist es in der Nachmittagssonne richtig warm. Nach dieser Anstrengung gönnen sie sich etwas zu trinken aus der Kühlbox und die ersten Butterbrote. Theo und Can haben es jetzt sehr eilig, zum nah gelegenen See zu kommen. Pavel und Maik müssen sich noch umziehen und wollen nachkommen. Pavel erinnert sich an die Warnung von Maiks Mutter. „Lass uns die Essenssachen nach oben hängen!“, schlägt er vor. In der Stofftasche sind noch Äpfel, die restlichen Brote und zwei Tüten Chips für den Abend. Maik stimmt zu und sie hängen den Proviant hoch in einen Baum. Maik sprintet zum See, Pavel sucht erst noch seine Schwimmbrille. Schließlich kommt auch er am See an. Zu viert schwimmen, springen und tauchen sie, bis sie völlig durchgefroren sind. Es ist schon Abend, als sie zum Zelt zurückkehren. Sie trocknen sich ab, ziehen lange Hosen und Pullover an, installieren ihre Musikboxen und freuen sich auf einen gemütlichen Abend. Maik holt die Picknicktasche und verteilt die Brote. Theo fragt sofort nach den Chips. Doch sie sind nicht in der Stofftasche. Theo meint: „Vielleicht habt ihr sie ja schon aufgefuttert, als wir am See waren?“

Voraussetzung für späteren Konflikt

Maik entgegnet beleidigt: „Wir haben uns um alles gekümmert, während ihr euch schon amüsiert habt. Sonst hätten die Ameisen unsere Vorräte gefressen!“ Can erwidert: „Aber jetzt sind sie auch weg!“ Jetzt fällt Maik ein: „Als ich gegangen bin, waren sie auf jeden Fall noch da. Aber halt – Pavel, du bist doch als Letzter hier gewesen?“ Pavel wird wütend. „Glaubst du etwa, ich hätte in fünf Minuten zwei Tüten Chips gegessen?“ Die Stimmung ist düster. Alle sind sauer wegen der verschwundenen Chips und wegen der Verdächtigungen.

Beginn des Konflikts

Steigerung

Auf einmal hören sie ein lautes Geschrei, nicht weit entfernt. In der einsetzenden Dunkelheit wird es den Jungen unheimlich. Das will aber keiner zugeben und sie beschließen, gemeinsam nach den Urhebern des Geschreis zu suchen. Sie gehen einige Meter durch den Wald und sehen auf einer Lichtung eine Gruppe von laut krächzenden Raben. Die zerren an etwas Glänzendem, Rotem. Die vier

Höhepunkt

Auflösung

kommen näher und sehen – ein Rabenpicknick. Eine der beiden Chipstüten ist schon geöffnet, ein halbes Dutzend Raben hat die meisten Chips vertilgt. Theo, Can, Maik und Pavel rennen wütend auf die Rabenvögel zu, klatschen in die Hände und schreien: „Haut ab!“ Die Raben machen sich kreischend aus dem Staub. Das glänzende, rote Streitobjekt ist die zweite Chipstüte, zum Glück unversehrt.

Erleichtert kehren die Jungen zu ihrem Zeltplatz zurück. **Schluss**
„Jetzt kann der Abend beginnen“, meint Theo. Can hat das letzte Wort: „Von wegen Ameisen!“ (540 Wörter)

Teil II.B: Sprachliche Richtigkeit

1. ***Hinweis:** In den Text sind **10 Rechtschreibfehler** eingebaut. Vertraue beim ersten Lesen deinem Rechtschreibgefühl und markiere Wörter, die du für falsch hältst, mit einem Bleistift. Wende bei jeder Kennzeichnung die bekannten Rechtschreibstrategien (siehe unten) an und kontrolliere anschließend noch einmal mit dem Duden, ob du richtigliegst. Achte darauf, dass du **nicht mehr als 10 Fehler** markierst und korrigierst. Nur die **ersten zehn Markierungen** werden gewertet.*

   Rechtschreibstrategien:
   - *in Silben trennen (Einzel- oder Doppelkonsonant?)*
   - *auf die Vokallänge achten (ss oder ß?, ie oder i?, ck oder k?)*
   - *Wort verlängern (Konsonant am Wortende: b oder p?, d oder t?, g oder k?)*
   - *Wortart überprüfen (Groß- oder Kleinschreibung?)*
   - *Wortstamm suchen (eu oder äu?, e oder ä?)*
   - *auf die Herkunft achten (kein ck oder ih/ie im Stamm bei Fremdwörtern)*
   - *Grundform des Verbs suchen (Einzel- oder Doppelkonsonant? ...)*

   Leise fahren sie über die Kanäle, ~~transportiren~~ **transportieren** Fahrgäste und Lasten oder fügen sich selbstständig zu größeren Plattformen und Brücken zusammen. Selbstfahrende Boote, sogenannte „Roboats“, sollen die Straßen von Amsterdam ~~endlasten~~ **entlasten**. Langfristig geplant ist der Aufbau einer Flotte, die vor allem den Innenstadtbereich Amsterdams befährt. Weltweit ~~währe~~ **wäre** dies die erste Nutzung einer größeren Anzahl ~~eigenstendiger~~ **eigenständiger** Wasserfahrzeuge. Bisher haben sich die Erfinder selbstfahrender Schiffe meist auf den Einsatz auf hoher See konzentriert. Fünf Jahre lang wollen sie die „Roboats“ zunächst in der niederländischen Metropole testen. Mit ihren ~~knap~~

knapp 80 Kanal-Kilometern ist die Stadt dafür ein ideales Versuchsfeld. ~~Bewären~~ **Bewähren** sich die Wasserfahrzeuge, sollen sie weltweit als Transportmittel arbeiten. Die „Roboats" müssen allerdings zusätzlich auch auf etwaige Risiken unter Wasser achten. Die ~~Entwikler~~ **Entwickler** planen, die schwimmenden Roboter auf festgelegten Spuren fahren zu lassen, die den Weg auf dem Wasser vorgeben. Ausgestattet sind sie zudem mit Sensoren, die Wasser- und Luftqualität ~~meßen~~ **messen**. Diese ~~Fähikeit~~ **Fähigkeit** könnte in Städten wichtig sein, in denen stark ~~verschmuztes~~ **verschmutztes** Wasser immer wieder die Gesundheit der Bewohner bedroht.

Quelle: http://www.geo.de/natur/nachhaltigkeit/17436-rtkl-autonomes-fahren-forscher-testen-selbstfahrende-boote-amsterdam. (Aus didaktischen Gründen gekürzt und leicht verändert.)

Hinweis:

- **transportieren:** Es handelt sich um ein fremdsprachliches/lateinisches Verb, das auf „-ieren" endet.
- **entlasten:** Es besteht hier kein Bezug zu „Ende", es handelt sich um die Vorsilbe „ent".
- **wäre:** Das Wort kommt nicht von „wahr", sondern von „sein": Vergangenheit → „war", Konjunktiv → „wäre".
- **eigenständig:** Wortstamm: „Stand"
- **knapp:** Nach kurzem Vokal folgt ein Doppelkonsonant.
- **bewähren:** Hier lautet der Wortstamm „wahr" – deshalb mit „h".
- **Entwickler:** Nach kurzem Vokal folgt ein Doppelkonsonant. Statt eines doppelten „k" schreibt man im Deutschen „ck".
- **messen:** Nach kurzem Vokal folgt ein Doppelkonsonant; die Schreibweise lässt sich auch erkennen, indem man nach Silben trennt: „mes-sen".
- **Fähigkeit:** Der Wortstamm lautet „fähig", die Nachsilbe „-keit".
- **verschmutztes:** Bilde die Grundform und trenne nach Silben: „ver-schmutzen" → verschmutz-tes.

2. *Hinweis:* *Nur Nomen werden großgeschrieben. Verben, Adjektive, Adverbien etc. werden kleingeschrieben. Allerdings können Verben, Adjektive etc. nominalisiert werden, d. h., dass sie im Satz wie ein Nomen verwendet und deshalb großgeschrieben werden. Nominalisierungen erkennt man an den typischen Nomenbegleitern, die ihnen vorangestellt sind, wie z. B. ein Artikel, ein zusammengezogener Artikel mit Präposition (beim, zum, am …) oder ein Pronomen (mein, sein, ihr; einige, wenige, keine, nichts …).*
Gehe die Sätze langsam durch. Überprüfe bei großgeschriebenen Wörtern (außer am Satzanfang), ob es sich wirklich um ein Nomen oder eine Nominalisierung handelt (Artikelprobe) oder ob das Wort evtl. kleingeschrieben werden muss. Natürlich kann der Fehler auch darin bestehen, dass etwas kleingeschrieben ist, was großgeschrieben sein müsste.
Du darfst ***nicht mehr als drei Wörter*** *einkreisen.*

a) Zum **Frühstücken** fehlte schon wieder die Butter.
Hinweis: *Beachte das Nomensignal „zum" (zusammengezogener Artikel mit Präposition), dadurch wird das Verb „frühstücken" nominalisiert.*

c) Es war ein besonders heißer Sommertag, sogar **morgens** schon.
Hinweis: *Es handelt sich um das Adverb „morgens". Du erkennst es daran, dass es ein „-s" am Ende hat (morgens, abends, mittags; aber: der Morgen, der Abend, der Mittag).*

f) Die **anhaltende** Hitze hatte das Kühlsystem des Supermarktes beschädigt.
Hinweis: *Der Artikel bezieht sich auf das Nomen „Hitze". Bei „anhaltend" handelt es sich um ein Adjektiv.*

3. *Hinweis:* *Wiederhole dein Grammatikwissen über Artikel, Relativpronomen und Konjunktion (= Bindewort).*
- *Der* ***Artikel*** *steht vor dem Bezugswort (das Kind). Du kannst „das" durch „dieses" ersetzen.*
- *Das* ***Relativpronomen*** *steht hinter dem Bezugswort. Du kannst „das" durch „welches" ersetzen und es bleibt ein sinnvoller Satz. (Das Handy, das (= welches) ich gestern gekauft habe, habe ich heute verloren.)*
- *Die* ***Konjunktion „dass"*** *leitet einen Nebensatz ein. Nebensätze, die von einem Verb (z. B. sagen, denken, meinen, wünschen) abhängig sind, beginnen häufig mit „dass". („Ich wünsche mir, dass du gesund bleibst.", „Ich bin sicher, dass du die Prüfung gut bestehen wirst."). Solche Nebensätze können im Satzgefüge auch vorne stehen, der Satz kann also mit einer Konjunktion*

(hier „dass") beginnen. (<u>Dass</u> die Prüfung so schwierig würde, hätte ich nicht gedacht.) Die Konjunktion „dass" ***lässt sich nicht*** *durch dies/dieses/jenes oder welches ersetzen.*

Du musst die Arbeitsanweisung genau lesen und befolgen. Es gibt Punktabzug für andere Kennzeichnungen und für fehlende Buchstaben. ***Streiche das falsche Wort durch*** *und* ***schreibe den Buchstaben, der die Wortart des richtig geschriebenen Wortes benennt, auf die Linie darunter****.*

Ich weiß, ~~das~~/**dass** du schwimmen kannst.

K

Er bekam **das**/~~dass~~ Spiel, **das**/~~dass~~ er sich gewünscht hatte, zum Geburtstag geschenkt.

A **R**

~~Das~~/**Dass** du wegläufst, finde ich schade.

K

4. ***Hinweis:*** *Für jedes richtig gesetzte Komma gibt es einen halben Punkt. Die Anführungszeichen am Anfang und am Ende der wörtlichen Rede gelten als ein Zeichen. Nur wenn beide richtig gesetzt sind, erhältst du dafür ebenfalls einen halben Punkt. Da es insgesamt 3 Punkte gibt, kannst du also die Zahl der Zeichen, nämlich 6, ausrechnen.*

Jedes Jahr findet in der Schule der Tag der offenen Tür statt**,** den die Schülerinnen und Schüler mitgestalten.
Hauptsatz + Nebensatz (Relativsatz), abgetrennt durch Komma

„Wir werden uns um den Kuchenverkauf kümmern**"**, sagen die Neuntklässler**,** **„**das haben wir im letzten Jahr auch so gemacht.**"**
Anführungszeichen der wörtlichen Rede, zwei Kommas trennen den Redebegleitsatz ab, Anführungszeichen der wörtlichen Rede

Sie wollen das Geld aus dem Verkauf nicht für sich behalten**,** sondern an eine Organisation spenden.
Hauptsatz + Nebensatz, abgetrennt durch Komma

Teil I: Lesen

Hinweis: *Bei dem Sachtext „Dann ziehen wir das durch“ handelt es sich um eine Reportage. Die Autorin, Astrid Herbold, erzählt von zwei jungen Mädchen, die sich für naturwissenschaftliche Experimente begeistern. Sie beschreibt die Experimente und berichtet von den Erfolgen der Forscherinnen. Achte auf die Textanmerkungen und nutze deinen Duden, um Fremd- und Fachwörter nachzuschlagen.*
Die Lösungen findest du im Text in der Reihenfolge der Aufgaben.

1. a) Judith und Eva sind …
   - ☐ Schwestern.
   - ☒ Cousinen.
   - ☐ Konkurrentinnen.
   - ☐ Klassenkameradinnen.

   Hinweis: *vgl. Z. 3*

   b) Die Idee für den Nagellacktest hatten Judith und Eva …
   - ☐ an Judiths Geburtstag.
   - ☐ vor ungefähr vier Monaten.
   - ☒ vor etwa zwei Jahren.
   - ☐ in der sechsten Klasse.

   Hinweis: *vgl. Z. 24/25*

   c) Forschungswettbewerbe für Jugendliche stammen ursprünglich aus …
   - ☐ der BRD.
   - ☐ der UdSSR.
   - ☐ der DDR.
   - ☒ den USA.

   Hinweis: *vgl. Z. 32–36*

d) Der größte europäische Wissenschaftswettbewerb heißt …
- ☐ „Messe der Meister von Morgen“.
- ☒ „Jugend forscht“.
- ☐ „Jugend testet“.
- ☐ „World Robot Olympiad“.

Hinweis: *vgl. Z. 41–43*

e) Die Eltern von Judith und Eva …
- ☒ bestärken ihre Töchter bei ihren Projekten.
- ☐ kennen sich gut mit Robotik aus.
- ☐ haben ihr Schlafzimmer in ein Labor umgebaut.
- ☐ helfen, wenn ihre Töchter nicht weiterkommen.

Hinweis: *vgl. Z. 99/100*

2. a) „populär“ (Z. 35) bedeutet hier …
- ☐ volkstümlich.
- ☒ bekannt.
- ☐ musikalisch.
- ☐ verehrt.

b) „Alltagsroutinen“ (Z. 53) bedeutet hier …
- ☒ Gewohnheiten.
- ☐ Übungen.
- ☐ Fertigkeiten.
- ☐ Überraschungen.

Hinweis: *Hier werden zwei Fremdwörter erfragt. Versuche, die Bedeutung aus dem Textzusammenhang zu erschließen. Du kannst auch im Duden nachschlagen. Aber Vorsicht: Wichtig ist immer der Textzusammenhang, in dem ein Wort verwendet wird.*
Der Duden nennt z. B. für „populär“ die Bedeutungen „volkstümlich“ und „beliebt“. „Volkstümlich“ passt hier jedoch vom Sinn her nicht. „Routine“ bedeutet laut Duden „gewohnheitsmäßige Ausführung einer Tätigkeit“.

3. *✎ **Hinweis: Suche und unterstreiche im Text** die Sätze, die deiner Meinung nach den Sinn der vorgegebenen Sätze wiedergeben. **Vergleiche** die unterstrichenen Sätze mit den vorgegebenen Sätzen und **prüfe**, ob wirklich der ganze Satz Ähnliches ausdrückt. Schreibe die **Zeilenangaben** in die Tabelle. Achte darauf, die Zeilen **genau** zu nennen (die Zeile, in der das **erste Wort** des Satzes steht, und die Zeile, in der das **letzte Wort** des Satzes steht).*
*Die vorgegebenen Aussagen sind in der **Reihenfolge** aufgeführt, in der sie **im Text vorkommen**.*

Aussage	**Zeile(n)**
Auf diese Art startet die wissenschaftliche Laufbahn der beiden Mädchen.	Z. 31
Die jugendlichen Tüftlerinnen müssen ihre Vorgehensweise anders gestalten.	Z. 56/57 (Strategie = Vorgehensweise)
Die beiden Mädchen verwenden ohne Probleme Fachbegriffe.	Z. 66–68 („Fachbegriffe" bezieht sich hier auf den Begriff „RGB-Werte".)
Die Anerkennung motiviert.	Z. 77 (anspornen = motivieren

4. *✎ **Hinweis:** Lies die Aussagen sehr genau durch und prüfe, ob du sie im Text findest. Manche Aussagen wirst du gar nicht finden, dann sind sie als falsch zu bewerten. Wenn du eine passende Aussage entdeckst, prüfe den Textzusammenhang. Denn manchmal gibt es ähnliche Aussagen, die aber das Gegenteil meinen oder in einem anderen Zusammenhang stehen. Notiere von A–D, ob die Aussage richtig oder falsch ist, und kreuze dann an.*

a) ☐ Nur A und B stehen im Text.
☐ Nur A und D stehen im Text.
☒ Nur B und C stehen im Text.
☐ Nur C und D stehen im Text.

*✎ **Hinweis:** Richtig ist: **Nur B und C stehen im Text.** Zu B: vgl. Z. 41–43. Zu C: vgl. Z. 39–41. A ist falsch: Im Text steht: „Rund 10 000 Jugendliche treten jedes Jahr an" (Z. 44). D ist falsch: Im Text heißt es: „... zehn werden am Ende ausgezeichnet" (Z. 46).*

b) ☐ Nur A und B stehen im Text.
☐ Nur A und D stehen im Text.
☐ Nur B und C stehen im Text.
☒ Nur C und D stehen im Text.

Hinweis: Richtig ist: ***Nur C und D stehen im Text.*** *Zu C: vgl. Z. 71–75. Zu D: vgl. Z. 131–133. A ist falsch, weil Judith und Eva auch Mangan auf dem Meeresboden (vgl. Z. 79–82) und Filzstifte (vgl. Z. 118–121) erforschen. B ist falsch, weil sie mit dem Roboter teilgenommen haben, mit dem sie Manganknollen aufsammeln.*

5. ***Hinweis:*** *Beachte die Regeln fürs Zitieren: Schreibe die Textstelle wortwörtlich ab, setze an den Anfang und das Ende der zitierten Stelle Anführungszeichen. Schreibe dann in Klammern die Zeilenangabe dahinter (die Zeile, in der die Textstelle beginnt, und die, mit der sie endet).*
Um die volle Punktzahl zu erreichen, musst du ***eine*** *Textstelle zitieren.*

Mögliche Lösungen:

- „Wer bei solchen Antworten denkt, dass Judith und Eva Techniknerds ohne soziale Kontakte sind, der irrt. " (Z. 107–110)
- „‚Ich spiele auch noch zwei Instrumente', sagt Judith." (Z. 110/111) Achtung: Hier wird eine wörtliche Rede zitiert. Die wörtliche Rede wird durch einfache Anführungszeichen (Komma am Anfang, Apostroph am Ende) gekennzeichnet, das komplette Zitat von doppelten Anführungszeichen umschlossen.
- „Eva macht orientalischen Tanz." (Z. 111/112)
- „In der Woche treffen sie sich mit Freunden, gehen ihren anderen Hobbys nach." (Z. 112/113)

6. ***Hinweis:*** *Auch hier gibt es mehrere mögliche Lösungen. Für das Zitieren gelten die gleichen Regeln wie bei Aufgabe 5.*

Mögliche Lösungen:

- „Gemeinsames Ziel: Nachwuchs für den Technologiestandort Deutschland herausbilden." (Z. 139–141)
- „Die Jugendlichen sollen Lust bekommen auf ein Ingenieur- oder Chemiestudium, auf Mathe, Physik, Biologie." (Z. 141–144)

7. *✎ **Hinweis:** Hier musst du mit eigenen Worten erklären, wie die Mädchen das Experiment **durchgeführt** haben und zu welchen **Ergebnissen** sie gelangt sind. Lies noch mal im Text nach: zur Durchführung insbesondere in Z. 8–16 und Z. 57–59. Informationen zur Auswertung findest du in Z. 63–66.*

Durchführung
Judith und Eva bauen einen Roboter, mit dem sie einen künstlichen Fingernagel einer standardisierten Langzeitbelastung aussetzen. Diese besteht darin, dass der Fingernagel maschinell immer wieder auf eine Fliese aufgeschlagen wird. Außerdem taucht die Testmaschine den Nagel im Langzeittest in Spülwasser und reibt ihn über einen Putzschwamm.

Auswertung
Die Mädchen fotografieren die künstlichen Nägel vor dem Experiment und hinterher. Sie haben ein Computerprogramm geschrieben, das die Farbwerte für Rot, Grün und Blau, die sogenannten RGB-Werte, der Bilder vergleicht. Daran kann die Haltbarkeit der Farbe abgelesen werden. Die Ergebnisse ihrer Tests dokumentieren sie in umfangreichen und anspruchsvollen Texten zur Auswertung.

8. *✎ **Hinweis:** Du musst 3 Fähigkeiten oder Fertigkeiten (Kompetenzen) herausarbeiten. Für jede musst du eine passende Textstelle als Beleg finden. Für die benannte Fähigkeit und die Textstelle gibt es jeweils 2 Punkte.*

Mögliche Lösungen:
- Sie erweitern und verbessern ihr technisches Geschick, indem sie verschiedene Roboter bauen (vgl. Z. 8–12, Z. 79–82).
- Sie erwerben und erweitern ihre EDV-Kenntnisse (vgl. Z. 63/64).
- Sie erweitern ihr Fachwissen im technischen Bereich, indem sie sich schwierige Themen erarbeiten (vgl. Z. 64–70, Z. 100–102, Z. 129–131).
- Sie trainieren Geduld und Ausdauer mit ihrer Arbeit über einen längeren Zeitraum (vgl. Z. 91–93 und 97–99).
- Sie erweitern ihre Teamfähigkeit durch die gemeinsame Arbeit (vgl. Z. 91–95).
- Sie lernen und trainieren selbstständiges Arbeiten an Projekten (vgl. Z. 104–107).

9. *Hinweis: Du kannst der Aussage zustimmen oder sie ablehnen. Du kannst auch eine abwägende Haltung (Gründe dafür und dagegen) einnehmen. Egal, wie du dich entscheidest (dafür, dagegen, abwägend), du musst deine Haltung bzw. deine* ***Meinung gut begründen****. Du kannst dich hier auf den Text beziehen, du kannst dich aber auch auf Beispiele aus deinem eigenen Leben beziehen.*

Zustimmung:
Für jede Erfindung und Entdeckung, mit der die Menschheit sich weiterentwickelt hat, war (und ist) es entscheidend, dass dahinter Menschen standen, die nicht aufgegeben haben, sondern einen mühevollen Weg gegangen sind, sich mit Problemen und Schwierigkeiten auseinandergesetzt und nie den Mut verloren haben. In vielen Bereichen sind diese Kämpfe für die Menschheit unendlich wichtig. Aber auch derjenige, der nicht aufgibt, gewinnt dadurch. Es prägt ihn (bzw. sie) entscheidend, aus Fehlern zu lernen, nicht den leichten Weg zu gehen, nicht aufzugeben und schließlich das erhoffte Ziel zu erreichen.

Ablehnung:
Ein bekannter Sinnspruch lautet: „Wenn dein Pferd tot ist, steig ab.“ Es ist oft, aber nicht immer sinnvoll, etwas um jeden Preis durchzuziehen. Es kann sein, dass man von falschen Voraussetzungen ausgegangen ist oder dass sich eine Sachlage verändert hat. Vielleicht hat man die Sache oder die eigenen Fähigkeiten falsch eingeschätzt. Wenn man nur weitermacht, weil man nicht aufgeben will, weil man sich selbst oder anderen etwas beweisen will, ist das kein Zeichen von Stärke. Im Gegenteil, es zeugt von Reife und Mut, zu erkennen, dass man den falschen Weg eingeschlagen hat, und dies einzugestehen. Oft erkennt man nicht sofort, dass man, z. B. im Beruf oder in der Beziehung, eine falsche Entscheidung getroffen hat. Hier nutzt „Durchziehen“ niemandem, sondern hindert alle Beteiligten, Neues auszuprobieren.

Teil II: Schreiben

Teil II.A: Textproduktion (Wahlaufgabe)

a) ***Hinweis:*** *Formal handelt es sich hier um eine* ***lineare Erörterung****, d. h., du musst nur Argumente* ***für deine Forderung*** *finden, keine Gegenargumente. Wahrscheinlich findest du, dass Experimente im Unterricht mehr Spaß machen als Arbeitsblätter und Lehrervorträge und dass man deshalb lieber und mit mehr Erfolg lernt. Viele weitere Argumente findest du im Text „Dann ziehen wir das durch", diese kannst du in deinem Aufsatz verwenden. Finde aber auch eigene Argumente.*
Es gibt keine Vorgabe über den Zusammenhang oder die Textsorte, in die du deine Argumentation einbetten sollst. Es liegt aber nahe, deiner Schulleiterin/deinem Schulleiter einen ***Brief*** *zu schreiben. Berücksichtige dabei Grundelemente eines höflichen Briefs (Sehr geehrte/-r /Liebe/-r Frau/Herr XY, Anrede „Sie" großschreiben, Abschlussformel).*
Verwende die Zeitform ***Präsens*** *(Gegenwart, z. B. „ich finde, dass …").*
Achte auf abwechslungsreiche Satzanfänge und eine treffende Wortwahl, vermeide Wiederholungen und einen gleichförmigen Satzbau.
Verwende Verbindungswörter, die eine Argumentation strukturieren, Argumente gewichten und Schlussfolgerungen einleiten.
- *Dafür spricht, dass …*
- *Hinzu kommt, dass …*
- *Entscheidend ist, dass …*
- *Folglich, demnach, also, daher …*
- *Mich überzeugt am stärksten, dass …*
- *Ich bin der Meinung, dass …*

Überprüfe abschließend Rechtschreibung, Zeichensetzung und Grammatik.

Mehr Experimente – mehr Motivation — treffende Überschrift

Sehr geehrte Frau Henning, — höfliche Anrede

in den unteren Klassen führen wir im Lernbereich Naturwissenschaften jede Woche Experimente durch. Das macht Spaß, erhöht die Motivation und den Lernerfolg. Ab der 8. Klasse werden die Fächer Physik, Chemie und Biologie getrennt unterrichtet und es gibt viel weniger praktischen Unterricht. Die Schülerinnen und Schüler der 8.–10. Klassen wünschen sich mehr Experimente in den naturwissen-

Einleitung
Hinführung zum Thema

Anliegen zu Beginn deutlich nennen

schaftlichen Fächern. Wir, die gewählte Schülervertretung, möchten Ihnen mit diesem Brief und gerne auch im persönlichen Gespräch erklären, warum Praxis und Experimente im naturwissenschaftlichen Unterricht so wichtig sind.

Hauptteil

Argument 1
Jugendliche sind bereit, etwas zu tun, wenn man sie lässt (Textbezug, Z. 1–7)

- Oft wird uns Teenagern vorgeworfen, wir würden uns für nichts als „Chillen und Zocken“ interessieren. Das stimmt nicht, viele von uns sind begeistert dabei, wenn wir die Gelegenheit haben, etwas zu TUN, d. h. praktisch zu arbeiten.

Argument 2
Wissenschaftswettbewerbe motivieren (Textbezug, Z. 32 – 36)

- Im Englischunterricht haben wir gelernt, dass es in den USA in den höheren Klassen regelmäßig Wissenschaftswettbewerbe gibt, die fest ins Schulprogramm gehören, und dass dadurch die Jugendlichen stark für die Naturwissenschaften motiviert würden.

Argument 3
Vorteil für den guten Ruf der Schule (Textbezug, Z. 39 – 43)

- Auch in Deutschland gibt es Wettbewerbe, z. B. „Jugend forscht“. Wenn wir mehr Gelegenheit zum Experimentieren und Forschen hätten, könnten vielleicht einige besonders starke Schüler*innen mitmachen. Stellen Sie sich vor, welche tolle Werbung das für unsere Schule wäre, besonders, wenn wir sogar in die Endrunde kämen.

Argument 4
Förderung der stilleren Mitschüler*innen

- Das Experimentieren ist für alle wichtig, aber stillere Mitschüler*innen profitieren besonders, denn wenn es um mündliche Beteiligung geht, sind ruhige Schüler*innen oft zurückhaltender. Beim Experimentieren können sie Fähigkeiten wie Geschick, Ausdauer und Konzentration oft besser unter Beweis stellen und sehr gute Ergebnisse erzielen.

Argument 5
Erwerb wichtiger Fähigkeiten für die berufliche Zukunft

- Bei der Planung, Durchführung, Auswertung und Präsentation von Experimenten lernt man sehr viel. Man muss strukturiert vorgehen und im Team zusammenarbeiten. Geduld, Genauigkeit und hohe Konzentration sind wichtige Fähigkeiten. Diese Fähigkeiten sind in vielen Berufen ebenso erforderlich wie solide naturwissenschaftliche Kenntnisse. Man vertieft und festigt sie durch die selbstständige Anwendung in der Praxis.

- Durch die praktische Tätigkeit im „Labor" bekommen Jugendliche vielleicht Lust auf ein Ingenieur- oder Chemiestudium, auf Mathe, Physik, Biologie oder auf Ausbildungsberufe mit diesen Schwerpunkten. Die Kenntnis von den Anforderungen und der Arbeit in naturwissenschaftlichen Berufen ist von großer Bedeutung für unsere eigene Berufsorientierung und Lebensplanung.

  Argument 6
  Hilfe bei der Berufsorientierung
  (Textbezug, Z. 141 ff.)

- Umgekehrt ist es natürlich auch für die Wirtschaft, den Technologiestandort Deutschland, wichtig, dass junge Menschen sich für Technikberufe interessieren. Schon jetzt fehlt dort der Nachwuchs und es wird in Zukunft wohl noch einen größeren Fachkräftemangel geben.

  Argument 7
  wirtschaftliche Bedeutung
  (Textbezug, Z. 135 ff.)

- Das aus unserer Sicht wichtigste Argument: Auch für unser Verständnis der Welt und wichtiger aktueller Fragen und Probleme ist die Auseinandersetzung, auch in der Praxis, mit Naturwissenschaften wichtig. Als Bürger*innen und Wähler*innen wollen wir unsere Zukunft mitbestimmen, z. B. bei Entscheidungen in der Klimapolitik.

  Argument 8
  stärkstes Argument: gesellschaftspolitische Bedeutung

Daher bitten wir Sie, gemeinsam mit uns zu planen, wie ab dem nächsten Schuljahr mehr Zeit für Experimente in den naturwissenschaftlichen Fächern geschaffen werden kann. Wir freuen uns auf Ihre Antwort!

Schluss

Mit freundlichen Grüßen
Ihre SV

Grußformel

(468 Wörter)

b) ***Hinweis:*** *Achtung: Die Aufgabe lautet „beschreibe", das heißt, du musst die einzelnen Schritte im* ***Präsens*** *darstellen. Die Textsorte heißt Vorgangsbeschreibung. Denke an deinen Naturwissenschaftsunterricht. Wenn ihr dort experimentiert, beschreibt ihr alles, was ihr tut und was ihr beobachtet, in der Gegenwartsform. Hier muss man noch besser aufpassen, denn die Projektprüfung liegt ja in der Vergangenheit und man verfällt leicht in einen Bericht in der Vergangenheitsform (Perfekt, Imperfekt).*

Projektprüfung – Untersuchung zur Überdüngung des Schultheisweihers

treffende Überschrift

Einleitung
Hinführung zum Thema

Im Sommer finden in den 9. Klassen die Projektprüfungen statt. Im Folgenden möchte ich euch unser Projekt mit dem Titel „Untersuchung zur Überdüngung des Schultheisweihers“ beschreiben.

Vorbereitungsphase
1. Schritt: Teamzusammenstellung

Für unsere Projektprüfung bilden wir zunächst eine Dreiergruppe: Ole, Lisa und ich. Wir interessieren uns alle drei für Naturwissenschaften. Und wir gehen alle gerne im See im Naturschutzgebiet schwimmen. Als wir zu Beginn dieses Jahres aus der Lokalzeitung und über das Internet erfahren, dass unser See, der Schultheisweiher, im nächsten Jahr für Badegäste gesperrt werden soll, ist unser Thema gefunden.

2. Schritt: Themenfindung

3. Schritt: Projektziel, Fragestellung / Aufgabe

Wir wollen verstehen, was der Grund für die Schließung ist, und herausfinden, was man tun kann, damit der See wieder von Menschen und Tieren genutzt werden kann. Das wollen wir unserer Klasse erklären, das ist unser Projektziel.

4. Schritt: Beginn der Durchführungsphase
Einarbeitung in das Thema ...

Zunächst lesen wir zu diesem Thema so viel, wie wir finden können. Unsere Stadt hat eine Internetseite, auf der wir unter „Umwelt & Klimaschutz“ viele Artikel zum Thema „Schultheisweiher“ finden. Dort werden die chemischen, biologischen und ökologischen Zusammenhänge erklärt, die dazu führen, dass Fische im See sterben und Kinder unter allergischen Hautreaktionen leiden.

... und Darstellung des Problems: zu viel Phosphat im See

Kurz gesagt: Es ist zu viel Phosphat im Weiher, er ist „überdüngt“. Durch die Phosphatmenge, die in den letzten Jahren immer wieder über dem Grenzwert von 35 mg pro Liter lag, wachsen bei höheren Temperaturen Cyanobakterien (auch Blaualgen genannt) und bilden einen Teppich, unter dem andere Sauerstoff produzierende Pflanzen absterben. Wenn die Cyanobakterien sich bei kälteren Temperaturen unter 18 Grad zersetzen, entziehen sie dem See Sauerstoff. Das führt zum Fischsterben.

Verschärfung des Problems in den letzten beiden Jahren

Diese Problematik, nämlich zu viel Phosphat im See und damit immer weniger Sauerstoff, hat sich in den letzten beiden Jahren verschlimmert. Das Phosphat gelangt verstärkt über das Grundwasser (Überdüngung in der Landwirtschaft) und die Luft ins Wasser. Außerdem sind einige neue Vogelarten z. B. Nilgänse, Kanadagänse und Kormorane in unsere Region gezogen und vermehren sich stark. Dadurch gelangt viel mehr Kot, mit jährlich bis zu 20 kg Phosphat, ins Seewasser. Gleichzeitig gibt es immer mehr warme Tage, die das Algenwachstum begünstigen, und wenig Regen und Schnee als Frischwasserzufuhr.

5. Schritt: Überprüfung, eigene Untersuchung

Das alles untersuchen wir auch praktisch. Dabei werden wir von unserer Chemielehrerin beraten. Wir besorgen uns Testsets für die Phosphat- und Sauerstoffmessung. Ab März messen wir regelmäßig. Wir schreiben die Außentemperatur und die Wassertemperatur für jeden Kalendertag auf. Natürlich können wir nicht jeden Tag zum See, aber zweimal die Woche schaffen wir es immer.

6. Schritt: Auswertung und Vorbereitung der Präsentation

Unsere Messungen bestätigen die Erklärungen, die wir vorher gelesen haben.

Wir stellen unsere Ergebnisse in einer Grafik dar, in der unsere Messwerte von Temperatur, Sauerstoff- und Phosphatgehalt eingetragen werden.

Abschließend vereinbaren wir einen Termin bei einer Mitarbeiterin des Umweltamtes. Sie ist sehr nett und erklärt uns, dass die Stadt bisher mit einfacheren biologischen Verfahren versucht, die Phosphatmenge zu begrenzen. Da aber immer mehr hineingelangt, wird jetzt eine teure Anlage installiert. Während des Baus bekommt der Weiher eine längere Erholungszeit, daher darf dort in diesem Jahr nicht geangelt und gebadet werden.

7. Schritt: Präsentation der Ergebnisse und Reflexion

Mit unseren eigenen Messungen und ihrer Auswertung und nach dem Gespräch mit der Umweltfachfrau können wir unseren Mitschülerinnen und Mitschülern die Zusammenhänge gut erklären. Leider kann man an vielen Faktoren, z. B. dem immer wärmeren Klima und dem fehlenden Regen in unserer Stadt, allein nichts ändern. Wir glauben aber, dass es wichtig ist, zu verstehen, wie die Dinge zusammenhängen.

(522 Wörter)

Teil II.B: Sprachliche Richtigkeit

Die Aufgaben zum Teil II.B (Sprachliche Richtigkeit) sind in der Prüfung für Text 1 und Text 2 gleich. Die Lösungen sind in diesem Buch deshalb nur einmal abgedruckt. Du findest sie am Ende der Lösungen zu Text 1.

Abschlussprüfung an Hauptschulen in Hessen 2021
Deutsch – Text 1

Teil I: Lesen

Hinweis: *Franka Potente ist bisher besonders als Schauspielerin bekannt geworden. Sie wurde 1974 geboren, einer ihrer ersten sehr erfolgreichen Filme war „Lola rennt". Sie übernahm Rollen in vielen internationalen Filmen und Serien, wie z. B. „Die Bourne Identität" oder „Dr. House."*
Die Kurzgeschichte „Viele Götter" ist 2019 in einem Sammelband mit Geschichten und Gedichten verschiedener Autorinnen und Autoren erschienen. Sie spielt in Japan und handelt von einem jungen Mann, der vor einem Bewerbungsgespräch die Götter seiner Heimat, auf deren Hilfe er hofft, freundlich stimmen möchte und dabei ein verlorenes Reiskorn sucht. Es macht Spaß, sich die Erzählung als Filmszene vorzustellen.
Lies zunächst den gesamten Text langsam und sorgfältig. Markiere Wörter, deren Bedeutung du nicht kennst. Versuche sie aus dem Zusammenhang heraus zu erklären oder durch Nachschlagen zu verstehen.
Lies ein zweites Mal und suche nach Sätzen, die dasselbe meinen wie die Aussagen in dieser Aufgabe. Du findest sie in derselben Reihenfolge im Text.

1. a) Weil es ein wichtiger Tag ist, hat der Mann am Morgen …
   - ☐ eine Buddhafigur eingesteckt.
   - ☒ einen Anzug und eine Krawatte angezogen.
   - ☐ Reiskörner in seine Hosentasche gesteckt.
   - ☐ keine Schuhe angezogen.

   Hinweis: *vgl. Z. 4 und 19*

   b) In einem Lokal nimmt der Mann … zu sich.
   - ☒ Thunfisch mit Reis.
   - ☐ nur Reiskörner
   - ☐ Gehacktes vom Rind
   - ☐ nur ein Glas Wasser

   Hinweis: *vgl. Z. 49/50*

c) Das Bewerbungsgespräch findet … statt.

- ☐ im Restaurant
- ☐ im Tempel
- ☒ im Oshinko Tower
- ☐ an der Rezeption

Hinweis: vgl. Z. 83

d) Das verloren geglaubte Reiskorn …

- ☐ hat er im Tempel vergessen.
- ☐ ist noch in seiner Hosentasche.
- ☐ ist noch im Restaurant.
- ☒ klebt an seiner Augenbraue.

Hinweis: vgl. Z. 141/142

2. a) „irritiert“ (Z. 100) bedeutet hier …

- ☐ verärgert.
- ☒ verunsichert.
- ☐ erfreut.
- ☐ gereizt.

Hinweis: *Hier ist es wichtig, auf den Zusammenhang im Text zu achten. Der junge Mann ist bereits nervös, das Verhalten der Rezeptionistin verunsichert ihn noch mehr.*

b) „ungläubig“ (Z. 143) bedeutet hier …

- ☐ gottesfürchtig.
- ☐ unkritisch.
- ☒ mit Erstaunen.
- ☐ völlig verzweifelt.

Hinweis: *Auch hier musst du auf den Zusammenhang achten. Es geht nicht um Religion, sondern um die Überraschung des Mannes, als er das Reiskorn an dieser völlig unerwarteten Stelle – in seinem Gesicht – findet.*

3. *✎ **Hinweis: Unterstreiche** die Sätze im Text, die deiner Meinung nach den Sinn der vorgegebenen Sätze wiedergeben. **Vergleiche** diese Sätze mit den vorgegebenen Sätzen und **prüfe**, ob wirklich der ganze Satz Ähnliches ausdrückt. Schreibe dann die **Zeilenangaben** in die Tabelle. Nenne die Zeile, in der das **erste Wort** des Satzes steht, und die Zeile, in der das **letzte Wort** des Satzes steht. Die vorgegebenen Aussagen sind in der **Reihenfolge** aufgeführt, in der sie **im Text vorkommen**.*

Aussage	**Zeile(n)**
Unter allen Umständen wollte er diese Anstellung.	Z. 30/31
Im Grunde war das ein längerer Weg.	Z. 44
Beinahe hätte er ihr sein Herz ausgeschüttet, aber das ging nicht.	Z. 63–65
Sie tippte sehr schnell in ihren Laptop	Z. 105

4. *✎ **Hinweis:** Lies dir die Aussagen durch und prüfe, ob du sie im Text findest. Notiere von A–D, ob die Aussage richtig oder falsch ist und kreuze dann an.*

a) ☐ Nur A und C stehen im Text.
☒ Nur A und D stehen im Text.
☐ Nur B und C stehen im Text.
☐ Nur B und D stehen im Text.

*✎ **Hinweis:** Richtig ist: **Nur A und D stehen im Text.** Antwort A ist richtig: Die Mutter arbeitet auch nachts (vgl. Z. 24). Antwort B ist falsch: Er selbst möchte ausziehen (vgl. Z. 32). Antwort C ist falsch: Die Mutter ist „noch nicht" zu Hause (vgl. Z. 25). Antwort D ist richtig: Seine Mutter hat einen Buddha-Altar in ihrem Zimmer (vgl. Z. 29).*

b) ☐ Nur A und B sind richtig.
☐ Nur A und D sind richtig.
☒ Nur B und C sind richtig.
☐ Nur C und D sind richtig.

*✎ **Hinweis:** Richtig ist: **Nur B und C sind richtig.** Antwort A ist falsch: Die einzige Hauptperson ist der junge Mann, die Rezeptionistin ist eine Nebenfigur. Auch mit ihr wären es keine vier Hauptpersonen. Antwort B ist richtig:*

Die Erzählung ist in der Vergangenheit geschrieben. Vgl. zum Beispiel: „Er blickte an sich herunter." (Z. 3). Antwort C ist richtig: Die Erzählung hat einen offenen Anfang. „Wo war nur das verflixte Reiskorn hingefallen?" (Z. 1/2) Damit befindet man sich ohne Einleitung mitten in der Kurzgeschichte, deshalb spricht man von einem „offenen Anfang". Antwort D ist falsch: Es ist keine Liebesgeschichte., denn es geht nur um das Bewerbungsgespräch des jungen Mannes und seinen Glauben an die Glücksbringer.

5. ***Hinweis:** Versuche die Vorkommnisse in die richtige Reihenfolge zu bringen. Wenn du dir nicht sicher bist, schau noch einmal in den Text. Beachte, dass unten nur einige der Handlungen und Situationen genannt werden, die in der Geschichte vorkommen.*

Vorkommnis	**Nummerierung**
Der Mann sucht das Hochhaus, in dem sein Bewerbungsgespräch stattfinden wird.	**3** (vgl. Z. 74/75)
Der Mann verlässt das Lokal, in dem er gegessen hat.	**2** (vgl. Z. 69/70)
Der Mann geht in Gedanken seine Qualifikationen durch.	**5** (vgl. Z. 109/110)
Mithilfe einer jungen Frau findet der Mann das Reiskorn wieder.	**6** (vgl. Z. 140–142)
Der Mann sucht ein Reiskorn.	**1** (vgl. Z. 1/2)
Der Mann meldet sich an der Rezeption an.	**4** (vgl. Z. 94–97)

6. a) ***Hinweis:** Hier musst du die **Zitierregeln** genau beachten. Denke also an die **Anführungszeichen** vor und nach dem Satz und an die genaue **Zeilenangabe**, sonst gibt es Punktabzüge. Schreibe den ganzen Satz ab. Es gibt mehrere passende Textstellen. Es genügt, wenn du **eine** zitierst.*

Mögliche Lösungen:

- „Er wollte diesen Job unbedingt." (Z. 30/31)
- „Es wurde Zeit für eine eigene Wohnung." (Z. 32)
- „Er wollte eine Freundin, er musste Geld verdienen, auf eigenen Füßen stehen." (Z. 32–34)

b) *✎ **Hinweis:** In Aufgabe 5 hast du schon die Textstelle gesucht, in der der Mann seine Qualifikationen durchgeht. Dort findest du die richtige Lösung. Du kannst die Qualifikationen, also seine Erfahrungen und Kenntnisse, mit eigenen Worten nennen oder sie zitieren. Du musst **zwei** Qualifikationen nennen.*

Mögliche Lösungen:
- Der Mann hatte sein Jurastudium mit dem zweitbesten Ergebnis des ganzen Jahrgangs abgeschlossen (vgl. Z. 110–113).
- Er hatte ein sechsmonatiges Praktikum bei Yukonishi LTD. durchlaufen (vgl. Z. 113/114).
- Er beherrscht das Englische fließend (vgl. Z. 114/115).

7. *✎ **Hinweis:** Wenn es in der Aufgabenstellung heißt „Erläutere …“, dann musst du eine **ausführliche** Antwort in **ganzen Sätzen** schreiben. Dabei ist es wichtig, dass du in **eigenen Worten** formulierst und nicht einfach aus dem Text abschreibst. Erläutere **zwei Maßnahmen**, die der Mann ergreift, anhand von **Textbeispielen**. Denke daran, die jeweiligen Textstellen, auf die du dich beziehst, zu nennen (als Zitat oder indem du sie zusammenfasst). Gib dabei auch immer die entsprechenden **Zeilen** an. Eigene Worte und Textbelege sind für die volle Punktzahl erforderlich. Schreibe im **Präsens**.*
Es gibt viele mögliche Lösungen, denn der Mann bereitet sich sehr gründlich auf sein Bewerbungsgespräch vor. Du kannst sie chronologisch, also in der Textreihenfolge, suchen oder du erläuterst die beiden Beispiele, die dir besonders wichtig erscheinen.
*Um die volle Punktzahl zu erreichen, musst du nur **zwei Maßnahmen** erläutern.*

Mögliche Lösungen:
- Damit das Bewerbungsgespräch gelingt, zieht der Mann einen frisch gebügelten Anzug (vgl. Z. 4) an und lernt sogar, eine Krawatte zu binden (vgl. Z. 19–21). Dass er sich um passende Kleidung bemüht, zeigt, dass er bei dem Bewerbungsgespräch einen guten Eindruck machen möchte. Dies wiederum verdeutlicht, wie wichtig ihm die Stelle in dem Unternehmen ist.
- Er betet vor dem Shinto-Schrein im Wohnzimmer und vor dem Buddha-Altar im Zimmer seiner Mutter (vgl. Z. 26–29). Auf diese Weise möchte er bewirken, dass die Götter ihn unterstützen (vgl. Z. 37/38) und er das Bewerbungsgespräch gut meistert.
- Nachdem er bereits zu Hause die Götter um Hilfe gebeten hat, macht er zusätzlich noch einen Umweg zum Yasukuni-Schrein. Indem er dort eine

Glocke läutet, möchte er ganz sichergehen, dass ihn alle Götter unterstützen (vgl. Z. 41–45).

- Er geht sehr früh los (vgl. Z. 47), damit er auf jeden Fall rechtzeitig zu seinem Bewerbungsgespräch erscheint. Er möchte einen guten Eindruck machen, indem er zeigt, dass er pünktlich und zuverlässig ist.
- Er bereitet sich auf den möglichen Verlauf des Gesprächs vor, indem er seine Qualifikationen durchgeht und überlegt, dass man ihm vielleicht nur einen zeitlich begrenzten Vertrag anbietet (vgl. Z. 109–117). So möchte er sichergehen, im Gespräch an alles Wichtige zu denken.

8. ***Hinweis:*** *Hier musst du wieder* ***in eigenen Worten*** *formulieren. Mache dabei kenntlich, auf welche Textstelle du dich beziehst. Das kannst du, indem du die Stelle* ***zitierst oder zusammenfasst****. Gib dazu jeweils die* ***Zeilen*** *an. Es ist auch in Ordnung, wenn du in deiner Antwort auf mehrere Textstellen verweist, wenn dies dazu dient, die zuerst genannte Textstelle zu erläutern. Es gibt mehrere mögliche Lösungen. Schreibe im* ***Präsens****.*

Mögliche Lösungen:

- In Japan glaubt man, dass in jedem Reiskorn viele Götter wohnen. Weil man den Göttern Respekt erweist, behandelt man auch das Reiskorn mit Respekt (vgl. Z. 12–14). Dazu gehört beispielsweise, dass man darauf achtet, Reiskörner nicht zu verlieren (vgl. Z. 15–17). Der Mann in der Geschichte orientiert sich an dieser Tradition, denn es heißt, dass er zuvor noch nie ein Reiskorn auf die Erde hat fallen lassen (vgl. Z. 119/120). Aus diesem Grund ist es ihm so wichtig, das Reiskorn wiederzufinden.
- In der Erzählung möchte der Mann die Stelle unbedingt bekommen, für die er sich beworben hat (vgl. Z. 30/31). Er glaubt, dass er das nur erreichen kann, wenn die Götter auf seiner Seite stehen (vgl. Z. 37/38). Im Umkehrschluss will er die Götter auf keinen Fall gegen sich aufbringen. Ein Reiskorn zu verlieren ist aber ein Grund, der die Götter verärgern könnte (vgl. Z. 13/14). Deshalb muss er es unter allen Umständen wiederfinden.
- Der Mann in der Kurzgeschichte sucht das Reiskorn an verschiedenen Orten (vgl. Z. 1–7 und Z. 53–55). Er riskiert dabei sogar, zu spät zum Bewerbungsgespräch zu kommen (vgl. Z. 71). Dieses Verhalten kann man damit erklären, dass das Reiskorn für den Mann eine Art Glücksbringer darstellt. Da er sich vor dem Bewerbungsgespräch in einer Situation befindet, in der er Glück haben muss, ist ihm das Reiskorn besonders wichtig. Das sieht man auch daran, wie sehr er sich freut, als er das Reiskorn wiederfindet (vgl. Z. 150).

9. ***Hinweis:** Ob du der Behauptung zustimmst oder sie ablehnst, hat mit deiner persönlichen Einstellung und deinen Erfahrungen mit Glücksbringern zu tun. Formuliere zunächst deutlich deine Meinung. Schreibe zum Beispiel: „Ich stimme der Behauptung zu“ oder „Ich stimme der Behauptung nicht zu.“ Anschließend begründest du deine Meinung ausführlich. Beziehe dich dabei unbedingt auf den Text. Nutze für deine Begründungen Formulierungen wie:*
Ich bin der Meinung, dass …, weil …
Ich denke, …, denn … Deshalb …
*Wenn du dir keine Meinung bilden kannst oder willst, kannst du auch eine **abwägende** Position beziehen. Das heißt, du nennst Argumente dafür und dagegen. Wichtig ist dabei, dass deutlich wird, für welche Position (dafür – dagegen) das Argument jeweils steht.*

Zustimmung
Ich stimme der Behauptung, dass der Mann den Job bekommen wird, weil sich das Reiskorn wiederfindet, zu. Meiner Meinung nach geht es darum, was das Reiskorn für den Mann bedeutet. Er glaubt daran, dass die Götter ihm helfen, wenn er sie respektvoll behandelt. Ein Reiskorn fallen zu lassen, ist hingegen ein Mangel an Respekt und verärgert die Götter. Deshalb wird der Mann nervös, als er glaubt, ein Reiskorn verloren zu haben. Er kommt fast zu spät und kann sich kaum an den Namen seines Gesprächspartners erinnern. Diese Verunsicherung kann dazu führen, dass er im Bewerbungsgespräch keinen guten Eindruck hinterlässt und den Job nicht bekommt. Weil er das Reiskorn kurz vor dem Gespräch wiedergefunden hat, glaubt er nun sicher, dass die Götter auf seiner Seite sind. Anschließend geht er entspannt und selbstbewusst in das Gespräch. Ich denke, das ist sogar entscheidender als seine Qualifikationen. Daher wird er erfolgreich sein und den Job bekommen.

Ablehnung
Ich stimme der Behauptung, dass der Mann den Job bekommen wird, weil sich das Reiskorn wiederfindet, nicht zu. Denn ein verlorenes oder wiedergefundenes Reiskorn kann unmöglich für den Erfolg bei einem Bewerbungsgespräch entscheidend sein. Auch wenn man an die Macht der Götter glaubt, werden diese keinen direkten Einfluss nehmen. Bei einer Bewerbung kommt es auf die Qualifikationen an. Der Mann hat sehr erfolgreich Jura studiert, kann ein Praktikum bei einer bekannten Firma nachweisen und spricht fließend Englisch. Wenn er damit im Bewerbungsgespräch einen guten Eindruck macht und es keinen noch besser qualifizierten Bewerber gibt, hat er auf Grund seiner Fähigkeiten und Erfahrungen gute Chancen auf Erfolg.

Teil II: Schreiben

Teil II.A: Textproduktion (Wahlaufgabe)

a) ✎ ***Hinweis:*** *In einem Bericht* ***informierst*** *du die Leser*innen über ein Geschehen, hier über dein Vorstellungsgespräch. Es geht dabei um die* ***sachlich genaue*** *Darstellung des Geschehens. Du musst dich also auf* ***Fakten*** *beschränken, d. h., dass du über dein Vorstellungsgespräch berichtest, ohne eigene Gedanken oder Wertungen einzubringen. Auch wenn du in der Ich-Form schreibst und die Kurzgeschichte noch im Kopf hast – Gefühle, Meinungen oder Gedanken sind nicht gefragt, sondern nur* ***sachliche Informationen****, z. B. über angemessene Kleidung, Vorüberlegungen zum möglichen Gesprächsinhalt und Pünktlichkeit. Wahrscheinlich habt ihr euch in der Schule schon einmal auf ein Vorstellungsgespräch vorbereitet. Erinnere dich daran! Am besten berichtest du chronologisch vom Beginn deiner Vorbereitung bis zur Entscheidung (du hast die Ausbildungsstelle bekommen/nicht bekommen).*
Stelle dir als Hilfe die typischen ***W-Fragen*** *(Was? Wer? Wann? Wo? Warum?). So kannst du sicher sein, dass du nichts Wichtiges vergisst.*
Ein Bericht wird im ***Präteritum*** *(Vergangenheit) geschrieben. (Ich ging ..., ich überlegte ...) Wenn du von einem Ereignis schreibst, das noch länger als alle anderen Ereignisse zurückliegt, musst du manchmal auch das* ***Plusquamperfekt*** *(Vorvergangenheit) verwenden (Ich hatte ... vorbereitet ...). Wörtliche Rede darf in deinem Bericht nicht vorkommen, auch dann nicht, wenn du das Vorstellungsgespräch wiedergibst. Verwende die* ***indirekte Rede*** *oder umschreibe den Gesprächsinhalt.*
Bevor du losschreibst: Erstelle eine ***Gliederung*** *(Einleitung, Hauptteil, Schluss) und schreibe in Stichpunkten die wichtigsten Informationen in der richtigen Reihenfolge auf. Schreibe dann einen* ***Entwurf*** *und hake in der Gliederung die Stichpunkte ab. Denke auch daran, eine passende* ***Überschrift*** *für deinen Bericht zu finden.* ***Überarbeite*** *anschließend deinen Entwurf: Sind Satzbau und Wortwahl abwechslungsreich? Hast du Wiederholungen vermieden? Sind Rechtschreibung, Grammatik und Zeichensetzung korrekt? Übertrage dann den Entwurf ordentlich mit Rand und Absätzen auf das* ***Reinschriftpapier****.*
Das erscheint dir zu aufwändig? Du hast Zeit genug. Nutze sie, es lohnt sich!

Ein erfolgreiches Vorstellungsgespräch

Überschrift

Mein Berufswunsch war schon immer Malerin/Lackiererin. Deshalb bewarb ich mich bei verschiedenen Firmen in meiner Heimatstadt und der Umgebung. Ich berichte hier von dem Vorstellungsgespräch bei der Firma, bei der ich ab 1. August meine Ausbildung beginnen werde.

Einleitung
Beantwortung der W-Fragen

In der Nacht vor dem Vorstellungsgespräch schlief ich schlecht, denn meine ersten Bewerbungen waren nicht erfolgreich gewesen. Der Wecker klingelte früh, weil ich auf jeden Fall pünktlich sein wollte. Die passende Kleidung hatte ich am Abend zuvor zurecht gelegt, eine dunkle Hose und einen hellen Rollkragenpullover. Das schien mir für das Bewerbungsgespräch in einem Handwerksbetrieb passend. Für den Fall, dass ein Bus ausfallen oder ich einen verpassen würde, hatte ich mehrere Busverbindungen auf meinem Handy gespeichert.

Hauptteil
Vorbereitungen auf das Vorstellungsgespräch: Kleidung, Anfahrt, Pünktlichkeit

Mein Vater hatte mir ein Frühstück zum Mitnehmen vorbereitet, weil er wusste, dass ich sonst nichts essen würde. Draußen regnete es. Auf der Suche nach meiner Regenjacke verlor ich zehn Minuten. Ich ging schließlich ohne sie los und hatte schon den ersten Bus auf meiner Verbindungsliste verpasst. Trotzdem kam ich pünktlich an.

Der Chef empfing mich persönlich und bot mir einen Platz an einem Konferenztisch an. Im Gespräch fragte er mich zuerst, warum ich mir diesen Beruf ausgesucht hätte, denn er sei körperlich anstrengend. Er hatte bisher nur Bewerbungen von Jungen und Männern erhalten. Ich erzählte ihm, was ich im privaten Bereich schon alles gestrichen, tapeziert und gestaltet hatte und wie viel Spaß ich dabei gehabt hatte. Außerdem erklärte ich ihm, dass ich auf keinen Fall den ganzen Tag im Büro sitzen wollte, sondern eine praktische und abwechslungsreiche Tätigkeit suchte. Der Chef teilte mir mit, was in diesem Beruf alles gelernt würde und welche Weiterbildungschancen es geben würde. Wir sprachen auch über die Arbeits- und Schulzeiten und das Gehalt, das ich während der Ausbildung und später als Gesellin verdienen würde.

Wiedergabe des Vorstellungsgesprächs in indirekter Rede und durch Umschreibung (Paraphrase) des Inhalts

Im Anschluss an unser Gespräch führte er mich durch alle Geschäftsräume. Er zeigte mir die Lagerräume mit den Arbeitsgeräten und Farben. Dort erklärte er mir auch, dass die Arbeit selbst natürlich in den Räumen der Kunden ausgeübt würde. Daraufhin bekam ich noch die Gelegenheit, einen weiteren Auszubildenden und zwei Gesellen kennenzulernen, die gerade Farbeimer aus den Lagerräumen holten. Sie erzählten mir, wie ein typischer Arbeitstag bei ihnen aussieht. So bekam ich bei meinem Vorstellungsgespräch bereits einen guten Eindruck vom Arbeitsalltag in diesem Beruf. Am Ende des Gesprächs verabschiedete ich mich vom Chef und seinen drei Mitarbeitern.

Schluss
Nachricht über den Erfolg der Bewerbung

Anschließend fuhr ich in die Schule, da das Vorstellungsgespräch am frühen Morgen stattgefunden hatte. Es dauerte nur zwei Tage, bis ich erfuhr, dass ich die Stelle bekommen hatte. Ich war bei der Bewerbung um einem Ausbildungsplatz in meinem Wunschberuf erfolgreich gewesen.

(425 Wörter)

b) ***Hinweis:** Beim Beschreiben geht es in erster Linie um **Genauigkeit**. Die Leser*innen sollen sich ein **konkretes Bild** von dem Beschriebenen machen können. Im Arbeitsauftrag steht bereits, welche **Aspekte** (Gesichtspunkte) du in deiner **Beschreibung** berücksichtigen musst. Es ist sinnvoll, der **Reihenfolge** der Aufgabenstellung zu folgen. Der Begriff „Lage“ bezieht sich darauf, ob das Haus in einer Stadt oder auf dem Land steht, in welchem Stadtteil es sich befindet und in welchem Stockwerk die Wohnung liegt. Interessant ist auch, ob es ein kleineres Wohngebäude, ein Block oder ein Hochhaus ist.*

*Gehe in Gedanken von der Eingangstür aus durch alle Zimmer, beschreibe ihre **Größe und die Ausstattung** (Möbel, Bilder usw.). Am besten stellst du dir eine nicht zu große Wohnung vor, die du kennst. Achtung: Hier ist nicht deine „Traumwohnung“ gefragt, sondern eine **sachliche Beschreibung**. Es geht nicht darum, wie du die Wohnung möblieren „würdest“, sondern wie diese Wohnung real aussieht.*

*Erstelle eine **Gliederung**, in der du alle Aspekte und Zimmer stichpunktartig beschreibst. Du kannst auch eine grobe **Skizze** anfertigen, so kannst du bei der Ausarbeitung deines Aufsatzes einem „roten Faden“ folgen.*

*Die Beschreibung wird im **Präsens** verfasst. Wenn du Vorgänge schilderst, die zeitlich weiter zurückliegen, musst du manchmal auch im Perfekt (Ich habe gefunden … Ich bin gelaufen …) schreiben. Verwende anschauliche **Adjektive**, beschreibe Größen, Farben und Formen.*

*Lies deinen Text vor der Reinschrift mehrmals gründlich durch und verbessere ihn. Ist er sinnvoll gegliedert, d. h. springst du inhaltlich nicht hin und her? Sind Satzbau und Wortwahl abwechslungsreich? Hast du unnötige Wiederholungen vermieden? Prüfe deinen Text mindestens einmal nur mit Blick auf Rechtschreibung, Grammatik und Zeichensetzung. Vergiss außerdem die **Überschrift** nicht!*

Meine erste eigene Wohnung — Überschrift

Einleitung

Nach langem Suchen habe ich eine Wohnung gefunden, die ich mir von meinem ersten Gehalt nach der Ausbildung leisten kann.

Hauptteil

Lage der Wohnung

Die Siedlung, in der ich nun wohne, ist mitten in Frankfurt, in einem Viertel aus den 1960er-Jahren mit vielen vierstöckigen Blocks. Sie liegt an einer vielbefahrenen Straße und einer U-Bahn-Strecke. Meine Wohnung befindet sich aber nicht direkt an der Straße, sondern im 2. Stock eines Gebäudes, das am Rand einer kleinen Grünfläche steht.

Man erreicht sie über ein Treppenhaus, einen Aufzug gibt es nicht.

Auf 62 Quadratmetern hat meine Wohnung zwei Zimmer, einen Flur, eine Küche und ein Bad. Wenn man die Wohnung betritt, steht man in der Mitte eines Flurs, der rechts und links zu den Zimmern führt. Gegenüber liegen eine kleine Kammer, das Bad und die Küche. Der Boden in den Zimmern und im Flur besteht aus hellem Laminat. Küche und Bad sind mit schwarz-weiß kariertem Linoleum ausgelegt.

Größe der Wohnung und Anzahl der Zimmer

Im Flur habe ich eine Garderobenleiste angebracht und einen Schuhschrank platziert. Wendet man sich nach rechts, kommt man am Ende des Flurs in das Schlafzimmer. Rechts neben der Schlafzimmertür befindet sich ein Kleiderschrank mit Schiebetür. Er ist etwa 1,50 Meter breit, weiß und die Tür ist mit Spiegelfliesen beklebt. An der Wand gegenüber der Tür steht mein Bett. Es ist 1,40 Meter breit und aus dunklem Holz. Darüber hängt ein großes schwarz-weißes Plakat, das Muhamed Ali im Boxring zeigt. An der Wand, die dem Schrank gegenüber liegt, befindet sich ein großes Fenster, vor dem ein alter Nussbaum steht. Zwischen Bett und Fensterseite habe ich mein Rudergerät hochkant an der Wand abgestellt.

Flur

Beschreibung des Schlafzimmers mit seiner Ausstattung

Am anderen Ende des Flurs liegt das geräumige Wohnzimmer. Auf der linken Seite des Zimmers steht ein Tisch mit zwei Stühlen, den ich zum Essen und Arbeiten nutze. Das graue Sofa befindet sich an der Wand, die der Tür gegenüber liegt. Davor habe ich zwei kleine schwarze Couchtische gestellt. Dem Sofa gegenüber steht auf einem Sideboard ein großer Flachbildfernseher. An den Wänden hängen eingerahmte Fotos, die ich selbst aufgenommen habe.

Beschreibung des Wohnzimmers mit seiner Ausstattung

Neben dem Wohnzimmer befindet sich eine schmale Kammer, in der ich den Staubsauger, Putzgeräte und Putzmittel aufbewahre. Auf die Kammer folgt ein schmales Bad, das weiß gekachelt ist und auf der rechten Seite Badewanne, Waschbecken und Toilette hat. Über der Wanne befindet

Kammer und Bad

sich ein großer, alter Warmwasserboiler. Gegenüber der Tür liegt das Fenster zur Grünanlage.

Der letzte Raum ist die ebenfalls lange und schmale Küche. Dort befinden sich links die Spüle, die Herdplatten und der Backofen sowie eine Arbeitsfläche. Darüber gibt es mehrere Hängeschränke. In einem davon ist eine Mikrowelle eingebaut. Auf der rechten Seite habe ich ein schmales rotlackiertes Brett als hohe Tisch- und Arbeitsplatte angebracht. Davor stehen zwei Barhocker. In der Ecke steht ein schwarzer Kühl-Gefrierschrank im Retrolook.

Beschreibung der Küche mit ihrer Ausstattung

Meine Wohnung ist nicht sehr groß, aber funktional und modern ausgestattet. (493 Wörter)

Schlusssatz

Teil II.B: Sprachliche Richtigkeit

1. ✎ ***Hinweis:*** *In diesen Text sind* ***10 Rechtschreibfehler*** *eingebaut. Die meisten wirst du leicht finden. Vertraue beim erstmaligen Lesen deinem Rechtschreibgefühl, markiere die Fehler mit einem Bleistift und zähle sie. Wende dann bei jeder Kennzeichnung die bekannten* ***Rechtschreibstrategien*** *(die auch unten stehen) an und* ***kontrolliere immer*** *mit dem* ***Wörterbuch****, ob du richtigliegst. Achte darauf, dass du* ***nicht mehr als 10 Fehler*** *markierst und korrigierst. Nur die* ***ersten zehn Markierungen*** *werden gewertet.*

   Diese Rechtschreibstrategien helfen dir:
   - *in Silben trennen (Einzel- oder Doppelkonsonant?)*
   - *auf die Vokallänge hören (ss oder ß?, ie oder i?, ck oder k?)*
   - *Wort verlängern (Konsonant am Wortende: b oder p?, d oder t?, g oder k?)*
   - *Wortart überprüfen (Groß- oder Kleinschreibung?)*
   - *Wortstamm suchen (eu oder äu?, e oder ä?)*
   - *auf die Herkunft achten (kein ck oder ih/ie im Stamm bei Fremdwörtern)*
   - *Grundform des Verbs suchen (Einzel- oder Doppelkonsonant? ...)*

   - ~~Durchschnit~~ → Durchschni**tt:** Nach kurzem Vokal folgt ein Doppelkonsonant. Die richtige Schreibweise findet man heraus, indem man das Wort verlängert und nach Silben trennt: „Durchschni**t**-**t**e".
   - ~~Flosen~~ → Flossen: Nach kurzem betontem Vokal folgt ein Doppelkonsonant („ss"). Die Schreibweise lässt sich auch erkennen, indem man das Wort nach Silben trennt: „Flos-sen".

- ~~verhältnismäsig~~ → verhältnismä**ß**ig: Ein scharf gesprochener s-Laut nach langem Vokal wird als „ß“ geschrieben.
- ~~beforzugt~~ → be**v**orzugt: Das Wort enthält die Vorsilbe „vor“.
- ~~unterhalp~~ → unterhal**b**. Indem man das Wort verlängert und in Silben zerlegt, kann man das weiche b am Ende des Wortes hörbar machen: „hal**b**e“.
- ~~stateten~~ → sta**t**teten: Nach kurzem Vokal folgt ein Doppelkonsonant. Die richtige Schreibweise findet man heraus, indem man das Wort nach Silben trennt: „sta**t**-**te**-ten“.
- ~~zihen~~ → z**ie**hen: Ein lang gesprochener i-Laut wird in der Regel als ie geschrieben.
- ~~spahren~~ → sp**a**ren: Manchmal wird ein langer Vokal durch ein Dehnungs-h markiert, in der Regel steht ein lang gesprochener Vokal aber für sich allein (z. B. Dose, Hose, Hase, Graben). Schlage im Zweifel im Wörterbuch nach.
- ~~weise~~ → **W**eise: Es handelt sich um ein Nomen. Das erkennt man an dem Nomensignal „diese“ („auf diese Weise“). Deshalb wird das Wort großgeschrieben.
- ~~runt~~ → run**d:** Die Schreibweise des Konsonanten am Wortende lässt sich erkennen, indem man das Wort verlängert: „runde“. Durch Verlängerng lässt sich das weiche d am Ende es Wortes hörbar machen.

2. ***Hinweis:** Nur **Nomen** werden großgeschrieben. Verben, Adjektive, Adverbien etc. werden kleingeschrieben. Allerdings können diese Wortarten nominalisiert werden, d. h., dass sie im Satz wie ein Nomen verwendet und deshalb großgeschrieben werden. **Nominalisierungen** erkennt man an den typischen Nomenbegleitern, die ihnen vorangestellt sind, wie z. B. ein Artikel, ein zusammengezogener Artikel mit Präposition (beim, zum, am …) oder ein Pronomen (mein, sein, ihr; einige, viele wenige, keine, nichts …).*
Gehe die Sätze langsam durch. Überprüfe bei Großbuchstaben (außer am Satzanfang), ob es sich wirklich um ein Nomen oder eine Nominalisierung handelt (Artikelprobe) oder ob eventuell kleingeschrieben werden muss, weil es sich um eine andere Wortart handelt. Natürlich kann der Fehler auch darin bestehen, dass etwas kleingeschrieben ist, was großgeschrieben sein müsste.
*Achte auf die **Nomensignale** (Artikel, zusammengezogener Artikel mit Präposition Pronomen). Überprüfe, ob danach großgeschrieben wird. Achtung: Manchmal schiebt sich auch noch ein anderes Wort zwischen Nomensignal und Nomen, oft z. B. ein Adjektiv (viele schöne Bilder).*
*Du darfst **nicht mehr als drei Wörter** einkreisen.*

b) Die Freundinnen einigen sich auf eine **längere** Runde durch Wald und Feld.
Hinweis: *Der unbestimmte Artikel bezieht sich auf das Nomen „Runde". Bei „längere" handelt es sich um ein Adjektiv.*

c) Gemeinsam starten sie gut gelaunt ihren Ausflug ins **Grüne**.
Hinweis: *Beachte das Nomensignal „ins", (zusammengezogener Artikel mit Präposition: „in das"), dadurch wird das Adjektiv „grün" nominalisiert.*

f) Sie beenden ihren Spaziergang **mittags** mit einem Besuch am Kiosk.
Hinweis: *Es handelt sich um das Adverb „mittags". Du erkennst es daran, dass es ein „-s" am Ende hat (morgens, mittags, abends; aber: der Morgen, der Mittag, der Abend).*

3. ***Hinweis:*** *Wiederhole dein Grammatikwissen über Artikel, Relativpronomen und Konjunktionen (= Bindewörter).*
- *Der **Artikel** steht vor dem Bezugswort (das Kind). Du kannst „das" durch „dieses" ersetzen.*
- *Das **Relativpronomen** steht hinter dem Bezugswort. Du kannst hier „das" durch „welches" ersetzen und es bleibt ein sinnvoller Satz. („Das Unterrichtsfach, das (= welches) sie am liebsten mag, ist Sport.")*
- *Die **Konjunktion „dass"** leitet einen Nebensatz ein. Nebensätze, die von einem Verb (z. B. sagen, denken, meinen, wünschen) abhängig sind, beginnen häufig mit „dass". („Wir wünschen uns, dass die Pandemie für immer vorbei ist."). Solche Nebensätze können im Satzgefüge auch vorne stehen, der Satz kann also mit einer Konjunktion (hier „dass") beginnen. („Dass die Pandemie so lange dauern würde, hätte kaum jemand gedacht.") Die Konjunktion „dass" **lässt sich nicht** durch dies/dieses/jenes oder welches ersetzen.*

*Du musst die Arbeitsanweisung genau lesen und befolgen. Es gibt Punktabzug für andere Kennzeichnungen und für fehlende Buchstaben. **Streiche** das falsche Wort **durch** und **schreibe den Buchstaben**, der die Wortart des richtig geschriebenen Wortes benennt, **auf die Linie darunter.***

Hast du **das**/~~dass~~ Päckchen bekommen, **das**/~~dass~~ ich dir geschickt habe?
A **R**

Ich hoffe, ~~das~~/**dass** dir mein Geschenk gefällt.
K

Es war da schönste Exemplar, **das**/~~dass~~ ich finden konnte.
R

4. ✎ ***Hinweis:*** *Für jedes richtig gesetzte Komma bekommst du einen halben Punkt. Nur wenn beide Zeichen der wörtlichen Rede korrekt sind, erhältst du dafür ebenfalls einen halben Punkt.*

Weil nach den Sommerferien die Berufsausbildungen beginnen**,** sollten die zukünftigen Auszubildenden ihre letzten Schulferien in vollen Zügen genießen.
Nebensatz (Kausalsatz) + Hauptsatz, abgetrennt durch Komma

„Ich fahre gemeinsam mit einer Freundin zwei Wochen nach Italien**“,** berichtet Susi.
Anführungszeichen der wörtlichen Rede, Komma trennt Redebegleitsatz ab

„Wir werden dort auf einem Zeltplatz übernachten**,** der direkt am Gardasee liegt.**“**
Hauptsatz + Nebensatz (Relativsatz), abgetrennt durch Komma und als wörtliche Rede in Anführungszeichen gesetzt

Nach dem Urlaub startet Susi mit ihrer Ausbildung**,** auf die sie sich schon sehr freut.
Hauptsatz + Nebensatz, abgetrennt durch Komma

Teil I: Lesen

Hinweis: *Der Text von Julia Muth ist 2020 in der Online-Ausgabe der Wochenzeitung „Die Zeit“ erschienen. Es geht um die Sportart Breakdance. Die Autorin verwendet viele englische Wörter, die von Breakdancern verwendet werden, erklärt aber die meisten im Text.*
Lies zunächst den Text einmal gründlich durch. Markiere Wörter, deren Bedeutung du nicht kennst. Versuche, sie aus dem Zusammenhang heraus zu verstehen, oder schlage sie im Wörterbuch nach. Suche dann die Textstellen heraus, die die benötigten Informationen enthalten.
Die Lösungen findest du im Text in der Reihenfolge der Aufgaben.

1. a) Beim Tanzen zu stoppen und dann bewegungslos zu bleiben, nennt man …
   - ☐ battle.
   - ☐ boom.
   - ☐ dance.
   - ☒ freeze.

   Hinweis: *vgl. Z. 8–12*

   b) Breakdance ist eine Mischung aus …
   - ☒ Tanz und Akrobatik.
   - ☐ Hip-Hop und Beat.
   - ☐ Takt und Rhythmus.
   - ☐ Turnen und Musik.

   Hinweis: *vgl. Z. 28/29*

   c) Klim trainiert …
   - ☐ fünfmal in der Woche auf dem Schulhof.
   - ☐ nur am Wochenende zu Hause.
   - ☒ seit mehreren Jahren in einer Tanzschule.
   - ☐ an fünf Tagen in der Woche in der Fußgängerzone.

   Hinweis: *vgl. Z. 67, Z. 121*

d) Die ersten Breakdancer tanzten …

- [ ] in Tanzschulen.
- [x] auf der Straße.
- [ ] in Fitnessstudios.
- [ ] auf Schulhöfen.

__Hinweis:__ vgl. Z. 79/80

2. ***Hinweis:** Achtung, alle Themen und Begriffe kommen im Text vor, du musst genau darauf achten, in welchem Zusammenhang die Wörter „auftauen“ und „Ausnahmetalent“ verwendet werden.*

a) „auftauen“ (Z. 40) bedeutet hier, dass Klim …

- [x] seine Erstarrung im Handstand auflöst.
- [ ] mit einem Trick in den Handstand kommt.
- [ ] sich nur noch im Zeitlupentempo bewegt.
- [ ] sich möglichst schnell im Handstand dreht.

***Hinweis:** vgl. Z. 39–41. Im ersten Absatz (Z. 1–12) wird zunächst das Einfrieren (freeze) am Beispiel von Klims Handstand erklärt. Auf das Einfrieren folgt dann das „Auftauen“ des Handstands.*

b) „Ausnahmetalent“ (Z. 107) bedeutet hier, dass Klim …

- [ ] besonders gut von seinen Eltern gefördert wird.
- [x] eine ungewöhnliche Begabung fürs Breakdancen hat.
- [ ] der einzige neunjährige Breakdancer in Deutschland ist.
- [ ] mehr Figuren und Tricks als sein Trainer Maxim beherrscht.

__Hinweis:__ vgl. Z. 108–110

3. ***Hinweis: Unterstreiche** als Erstes die Sätze im Text, die deiner Meinung nach ungefähr das Gleiche ausdrücken, wie die in der Aufgabe vorgegebenen Sätze. **Vergleiche** diese Sätze dann mit den vorgegebenen Sätzen und **prüfe**, ob wirklich der ganze Satz Ähnliches ausdrückt. Schreibe dann die **Zeilenangaben** in die Tabelle. Nenne die Zeile, in der das **erste Wort** des Satzes steht, und die Zeile, in der das **letzte Wort** des Satzes steht.*
*Die vorgegebenen Aussagen sind in der **Reihenfolge** aufgeführt, in der sie **im Text vorkommen**.*

Aussage	Zeile(n)
Zu tanzen und dann auf einmal die Bewegung anzuhalten – das ist zentral beim Breakdance.	Z. 14–17
Gelegentlich braucht Kim etwas mehr Zeit, bevor er eine neue Pose kann.	Z. 31–33
Er denkt daran zurück, wie er zu Beginn furchtsam in der Tanzschule saß und nicht den Mut hatte, sich zu beteiligen.	Z. 114–116
Sein Trainer Maxim ruft ihm ins Gedächtnis, dass er gerade mal neun Jahre alt ist.	Z. 130/131

4. a) ***Hinweis:*** Lies dir die Aussagen genau durch und prüfe, ob du sie im Text findest. Notiere von A–D, ob die Aussage richtig oder falsch ist, und kreuze dann die richtige Antwort an.

- ☐ Nur A und B stehen im Text.
- ☐ Nur A und C stehen im Text.
- ☒ Nur B und D stehen im Text.
- ☐ Nur C und D stehen im Text.

***Hinweis:** Richtig ist: **Nur B und D stehen im Text**. Antwort A ist falsch: Der Breakdance wurde „vor bald 50 Jahren“, also vor weniger als 50 Jahren erfunden (vgl. Z. 73). Antwort B ist richtig: Der Breakdance entstand bei Partys von jugendlichen Gangs (vgl. Z. 76–80). Antwort C ist falsch: Die Gangs gründeten keine Tanzschule, sondern tanzten auf der Straße (vgl. Z. 82–85). Antwort D ist richtig: Die ersten Tanz-Wettkämpfe im Breakdance wurden von Gangmitgliedern bestritten (vgl. Z. 82–85).*

b)

- ☐ Nur A und B stehen im Text.
- ☒ Nur A und D stehen im Text.
- ☐ Nur B und C stehen im Text.
- ☐ Nur C und D stehen im Text.

***Hinweis:** Richtig ist: **Nur A und D stehen im Text.** Antwort A ist richtig: Bei heutigen Meisterschaften im Breakdance bekommt man unter anderem Punkte für seine guten Einfälle (vgl. Z. 100–104). Antwort B ist falsch: Es treten immer zwei Tänzer gegeneinander an (vgl. Z. 92/93). Antwort C ist* *falsch: Das Besondere ist, dass die Breakdancer nichts einstudieren können, sondern spontan Ideen zur Musik umsetzen müssen (vgl. Z. 98–102). Antwort D ist richtig: Bei Meisterschaften dauert der Auftritt eines Breakdancers eine Minute (vgl. Z. 94).*

5. ✎ ***Hinweis:** Bringe die Vorkommnisse in die **richtige zeitliche Reihenfolge**. Markiere dazu die entsprechenden Stellen im Text. So wird es dir nicht schwerfallen, die Reihenfolge festzulegen, denn es steht bei allen Vorkommnissen dabei, wie alt Klim dabei jeweils ist. Auch die beiden Aussagen zum Breakdance (Entstehung und nächste Olympiade) sind mit Zeitangaben aufgeführt.*

Vorkommnis	**Nummerierung**
Klim macht spontan bei seinem ersten Wetttanzen mit.	**4** (vgl. Z. 116–118) Klim ist 6 Jahre alt, es geschieht am Ende der ersten Tanzstunde, die er miterlebt.
Klim nimmt an den Europameisterschaften in Italien teil.	**5** (vgl. Z. 121/122; Z. 131) Klim ist 9 Jahre alt.
Breakdance entsteht in Amerika.	**1** (vgl. Z. 73/74) Das ist fast 50 Jahre her.
Klims Eltern bemerken sein gutes Taktgefühl.	**2** (vgl. Z. 110–112) Klim ist 3 Jahre alt.
Die nächste Olympiade findet in Frankreich statt.	**6** (vgl. Z. 136/137) Das wird 2024 sein.
Klim geht zum ersten Mal in die Tanzschule.	**3** (vgl. Z. 112/113) Klim ist 6 Jahre alt.

6. *✎ **Hinweis:** Beachte die **Zitierregeln**. Denke an die **Anführungszeichen** zu Beginn und am Ende des Satzes sowie an die genaue **Zeilenangabe**, die du in Klammern dahinter angeben musst. Sonst gibt es Punktabzüge. Schreibe den ganzen Satz ab. Es gibt zwei passende Textstellen. Es genügt, wenn du **eine** Textstelle zitierst.*

   Mögliche Lösungen:
   - „Als Klim aus Italien zurückreiste, hatte er eher ein kleines und nicht mehr so gutes Gefühl." (Z. 125–127)
   - „Natürlich sei er enttäuscht gewesen, erzählt er." (Z. 129/130)

7. *✎ **Hinweis:** Wenn es in der Aufgabenstellung heißt „Erläutere …", dann musst du eine **ausführliche** Antwort in **ganzen Sätzen** schreiben. Dabei ist es wichtig, dass du in **eigenen Worten** formulierst und nicht einfach aus dem Text abschreibst. Du solltest also ausführlich erklären, welche **Eigenschaften** oder **Fähigkeiten** beim Breakdance zum Erfolg führen. Dabei musst du dich bei jeder Eigenschaft oder Fähigkeit, die du nennst, auf eine Textstelle beziehen. Das gelingt dir, indem du den Inhalt **zusammenfasst** oder **zitierst**. Dazu solltest du immer die **Zeilen angeben**. Im Text werden mehrere wichtige Fähigkeiten bzw. Eigenschaften genannt. Es genügt, wenn du **drei** davon erläuterst.*

   Um beim Breakdance erfolgreich zu sein, benötigt man viel Muskelkraft. Im Text erklärt Klim, dass man sonst die Tricks und akrobatischen Elemente nicht richtig umsetzen kann (vgl. Z. 33–35). Daher muss man sehr durchtrainiert sein und sollte beispielsweise durch Liegestütze mehr Muskeln aufbauen.
   Außerdem ist es auch sehr wichtig, kreativ zu sein. Nur wenn man neue Ideen einbringt, kann man die Musik mit den Posen verbinden und originelle Figuren erfinden (vgl. Z. 63–65). Das spielt auch für die Bewertung bei Wettkämpfen eine wichtige Rolle (vgl. Z. 98–105).
   Darüber hinaus sollte man musikalisch sein und ein gutes Taktgefühl besitzen, denn man muss die spontanen Bewegungen passend zur Musik ausführen. Im Text wird diese Fähigkeit als wichtiger Grund dafür angeführt, dass Klim ein Ausnahmetalent ist (vgl. Z. 106–110).

   Auch folgende Eigenschaften bzw. Fähigkeiten sind als Lösungen möglich: Willensstärke, Disziplin (vgl. Z. 119–121), Ausdauer (vgl. Z. 33–36), Spontanität (vgl. Z. 100–102), Beweglichkeit und akrobatische Fähigkeiten (vgl. Z. 61–63).

8. *Hinweis: Bei dieser Aufgabe sollst du* ***erklären****, warum es Klims Trainer wichtig ist, dass Breakdance eine olympische Disziplin wird. Lies dazu die Zeilen 142 bis 147 noch einmal. Achte darauf,* ***eigene Formulierungen*** *zu verwenden. Schreibe im* ***Präsens****.*

Breakdance wurde von Jugendlichen auf den Straßen New Yorks entwickelt (vgl. Z. 73–80). Er wird immer noch häufig außerhalb offizieller Vereine ausgeübt. Daher gilt er bei vielen nicht als ernsthafter Sport, sondern als Phänomen einer Szene, die bisher eine Außenseiterrolle hatte. Maxim, Klims Trainer, wünscht sich, dass Breakdance als Sport anerkannt wird, weil die Breakdancer viel trainieren und leisten. Er glaubt, dass die Anerkennung kommt, wenn Breakdance eine olympische Disziplin wird (vgl. Z. 142–147).

9. *Hinweis: Hier musst du* ***in eigenen Worten*** *erklären, wie sich bei Klim Begabung und Fleiß verbinden. Du musst dich auch auf den Text beziehen, indem du zusammenfassend oder als Zitat passende Textstellen nennst. Gib dazu immer auch die entsprechenden Zeilen an. Schreibe im* ***Präsens****.*

Klim hat ein außergewöhnliches Taktgefühl. Das ist eine Begabung, die seine Eltern früh entdeckt haben (vgl. Z. 110–112). Es war wohl Zufall, dass sie ihn ausgerechnet in eine Breakdance-Tanzschule gebracht haben. Dort hat er schon mit sechs Jahren Begeisterung für den Breakdance entwickelt (vgl. Z. 116–118). Er bringt mit der musikalischen und akrobatischen Begabung die nötigen Eigenschaften für den Erfolg mit, sein Trainer nennt ihn ein „Ausnahmetalent“ (Z. 107). Klim ist aber nicht nur talentiert, sondern auch sehr fleißig. Er trainiert seit drei Jahren jeden Tag zu Hause und noch an bis zu fünf Tagen in einer Tanzschule (vgl. Z. 35–38 und Z. 119–121). Bei Klim verbindet sich also, wie im Zitat, „Fleiß mit Begabung“. Deshalb findet sich bei ihm „das Beste“: Der Neunjährige hat bereits an einer Europameisterschaft teilgenommen (vgl. Z. 121/122) und kann sich mit guten Erfolgschancen auf die Teilnahme an den Olympischen Spielen vorbereiten (vgl. Z. 140–142).

Teil II: Schreiben

Teil II.A: Textproduktion (Wahlaufgabe)

a) *✎ **Hinweis:** Beim Erzählen geht es darum, ein **Ereignis** oder eine **Handlung** auf **anschauliche und unterhaltsame Weise** darzustellen. Hier soll deine **Geschichte** von einer Person handeln, die eine besondere Begabung hat und durch großen Fleiß zum Erfolg kommt. Du kannst entscheiden, welches Talent das sein soll, z. B. aus dem Bereich des Sports, der Musik oder der Naturwissenschaften. Es ist deine Geschichte, du bestimmst. Überlege, ob deine Geschichte das ganze Leben dieser Person erzählst oder ob du den Schwerpunkt auf einen bestimmten Ausschnitt legst. Die Textsorte „Erzählung" lässt dir viele Freiheiten. Dennoch musst du einige Regeln beachten und die Aufgabenstellung berücksichtigen:*

- *Entscheide dich für eine **Erzählperspektive**. Du kannst dich in das Talent hineinversetzen und die Geschichte in der Ich-Form schreiben. Du kannst aber auch die Position des auktorialen (allwissenden) oder des personalen Erzählers einnehmen und in der Er-/Sie-Form erzählen. Wichtig ist, dass du die einmal gewählte Perspektive **durchgängig beibehältst**.*
- *In der Einleitung solltest du kurz die **Ausgangssituation** darstellen sowie den **Handlungsort** und die **Figuren** nennen, sodass sich die Leser*innen orientieren können.*
- *Im Hauptteil schilderst du den Werdegang oder einen besonderen Ausschnitt aus dem Leben deiner Hauptfigur. Achte auf einen schlüssigen **Handlungsaufbau**, es muss ein „**roter Faden**" erkennbar sein; Beachte, dass eine gute Erzählung eine **Spannungskurve** hat, die auf einen Höhepunkt zuläuft. Dieser **Höhepunkt** könnte ein großer Erfolg, z. B. eine Meisterschaft, ein öffentlicher Auftritt, der Gewinn eines Preises sein. Überlege, an welcher Stelle der Erfolgsgeschichte du aufhören, das heißt, wie du den **Schluss** gestalten willst.*
- *Gehe auch auf die **Gedanken und Gefühle** der Hauptfigur (innere Handlung) ein. Ist sie glücklich, traurig, aufgeregt? Was denkt sie?*
- *Durch die Verwendung von **wörtlicher** oder **erlebter Rede** sowie verschiedener **sprachlicher Mittel** (anschauliche Adjektive, treffende Verben) gelingt es dir, deine Erzählung lebendig zu gestalten.*
- *Überlege dir zum Schluss eine **treffende Überschrift**.*
- *In der Regel schreibt man Geschichten im **Präteritum** (Vergangenheit). Aber auch das Präsens (Gegenwart) ist möglich. Wichtig ist, dass du bei der einmal gewählten Zeitform bleibst.*
- *Gestalte den **Satzbau abwechslungsreich**, beginne nicht immer mit dem Subjekt oder Zeitangaben („dann") und **vermeide Wiederholungen**.*

- *Achte auch auf* ***Rechtschreibung, Grammatik*** *und* ***Zeichensetzung****. Du hast genügend Zeit, deinen Text vorzuschreiben, zu korrigieren und sauber und korrekt abzuschreiben. So vermeidest du Fehler und den Verlust von Punkten.*

Ein großer Traum

Überschrift

Mikas Lieblingssport war Fußball und er träumte davon, eines Tages für einen großen Verein in der Championsleague zu spielen. Sein größtes Vorbild war Kylian Mbappé, einer der erfolgreichsten Fußballer der Welt. Wie Kylian wurde Mika in einem Vorort geboren, in dem es viele Hochhäuser gab und wo die Jungs auf der Straße kickten, wann immer sie Zeit hatten.

Einleitung
Person, Ort, kurze Darstellung der Ausgangssituation

Erzählperspektive: Er-Form

Schon bevor er in die Grundschule kam, spielte Mika bei den Fußball-Bambini in seinem Viertel, den Allerkleinsten im Verein. Seine Trainerin bemerkte bald, dass er außergewöhnlich schnell laufen konnte und geschickter am Ball war als die Gleichaltrigen. Deshalb schickte sie ihn zum Probetraining in die F-Jugend, wo die meisten Spieler schon sieben oder acht Jahre alt waren. Mika konnte vom Tempo und der Ballbeherrschung mithalten und noch mehr: Er begriff und lernte die Spieltechnik sehr schnell. Sein neuer Trainer sagte zu seinen Eltern: „Mika besitzt etwas, das man nicht lernen kann, eine ganz besondere Begabung.“

Hauptteil
Beginn der Laufbahn
Entdeckung der Begabung

wörtliche Rede

Mika war allerdings nicht nur begabt, sondern auch fleißig. Er trainierte mehrmals in der Woche im Verein, draußen mit seinen Freunden und allein mit dem Ball. Innerhalb von drei Jahren stieg er in die D-Jugend auf. Es zeigte sich, dass er auch auf dem größeren Feld und mit dem großen Fußball erfolgreich war. Der Trainer der D-Jugend erklärte: „Einen Jungen mit diesem Talent habe ich noch nie trainiert.“ An den Wochenenden fanden Spiele und Turniere statt. Dafür musste Mika früh aufstehen, ausgeschlafen und fit sein. Das machte ihm nichts aus, denn Fußball war seine große Leidenschaft. Die Schule fiel ihm leicht, er erledigte regelmäßig seine Hausaufgaben und hatte in fast allen Fächern gute Noten.

nicht nur Talent, sondern auch viel Fleiß führen zum Erfolg

Ausnahmetalent

Als Mika 13 Jahre alt war, machte ihm die Jugendabteilung der Bundesligamannschaft seiner Stadt das Angebot, bei ihnen mitzutrainieren. Mika war begeistert und sagte mit dem Einverständnis seiner Eltern zu. Er war entschlossen, noch fleißiger zu trainieren. „Das ist meine Chance!“, sagte er sich, wenn es mal viel wurde, mit der Schule, den Hausaufgaben, dem Training, den Liga-Spielen und den Turnieren. Im Jahr darauf, Mika war 14, lud der Verein ihn ein, mit der B-Jugend für zehn Tage in ein Trainingslager nach Dubai zu fliegen. „Das muss aber deine Direktorin genehmigen“, sagte der Trainer und gab ihm ein Formular mit. Aufgeregt und etwas ängstlich ging Mika ins Sekretariat und bat um einen Termin. Was, wenn die Schule seine Abwesenheit nicht genehmigen würde? Die Schulleiterin empfing ihn am nächsten Tag. Mika sah, dass die Zeugnisse der letzten beiden Jahre auf ihrem Schreibtisch lagen, und dachte mit Schrecken an die Vier in Chemie im Halbjahreszeugnis. Für die wichtige Lernkontrolle hatte er nicht lernen können, weil er an dem Wochenende zuvor mit seiner Mannschaft an einem Turnier teilgenommen hatte. Aber die Direktorin sagte: „Das sieht doch ganz gut aus. Nur eine einzige Vier? Die will ich am Ende des Jahres nicht mehr sehen. Ich wünsche dir viel Erfolg!“ Mika war überglücklich.

Karriere beginnt

wörtliche Rede

nächster „Meilenstein“ in der Karriere: Trainingslager in Dubai

Gedanken und Gefühle der Hauptfigur

An einem grauen Dezembermorgen trafen sich die ausgewählten Spieler am Flughafen. Mika flog zum ersten Mal, daher war es für ihn ein aufregendes Erlebnis. In Dubai erwartete sie strahlender Sonnenschein und ein hochmodernes Sportcamp. Dort absolvierten sie täglich mehrere Trainingseinheiten, mussten aber auch die mitgebrachten Schulaufgaben erledigen. Außerdem nahmen sie an einem internationalen Jugendfußballturnier teil. Bei den ersten Spielen wurde Mika, der der jüngste Spieler seiner Mannschaft war, erst in der zweiten Halbzeit eingewechselt. Es gelang ihm aber, mehrere gute Pässe zu spielen und das Tor zum 2:1 im Halbfinale vorzubereiten. Im Finale gegen die Mannschaft aus Rom durfte er von Beginn an spielen. Nach 80 Minuten stand es immer noch 0:0. Mika gelang

Abflug ins Trainingscamp

Gefühle der Hauptfigur

Fleiß und Talent führen zum Erfolg

internationales Jugendfußballturnier

Mika ist jüngster Spieler, spielt sehr gut

darf im Finale spielen

es, seinem Gegner den Ball abzunehmen und das Überraschungsmoment auszunutzen, um ungestört aufs italienische Tor zuzulaufen. Im Lauf schoss er in die linke Ecke, unhaltbar für den Torwart. „Toooooor“, jubelte seine Mannschaft. Mika hatte schon viele Tore geschossen, aber in Dubai, mit Mannschaften und Zuschauern aus einem halben Dutzend Länder, das war etwas ganz Besonderes! Mika und seine Mitspieler gaben in den letzten zehn Minuten alles und gewannen das Turnier.

schießt das Siegtor (Höhepunkt)

Mit diesem Spiel war Mika seinem großen Traum einen riesigen Schritt nähergekommen.

Schlusssatz

b) ***Hinweis:*** *Wenn du diese Aufgabe gewählt hast, musst du zuerst überlegen, von welchem Tanzwettbewerb du* ***berichten*** *willst. Deine Entscheidung hängt davon ab, welche Tänze du kennst. Durch den Lesetext hast du den Breakdance kennengelernt. Vielleicht kennst oder praktizierst du aber auch andere Tänze. Hier findest du einige* ***Informationen zum Tanzsport****. Bei der Prüfung gibt es diese Hilfen allerdings nicht.*
Tanzsportwettbewerbe nennt man Turniertanz. Als Sport werden zum Beispiel die lateinamerikanischen Tänze (Tango, Salsa …), die Standardtänze (Walzer, Foxtrott …), Rock ’n’ Roll, Cheerdance, Breakdance und viele mehr betrieben. Bei Wettkämpfen treten Einzeltänzerinnen und Einzeltänzer, Tanzpaare oder Gruppen (= Formationen) gegeneinander an. Ihre Auftritte werden von Wertungsrichtern unter verschiedenen Gesichtspunkten beurteilt. Ablauf und Form der Turniere können sehr unterschiedlich sein.
Ein ***Bericht*** *ist immer* ***sachlich****. Das bedeutet, dass Gefühle und Meinungen nicht in einen Bericht gehören, sondern nur* ***Fakten****. Damit du keine wichtigen Fakten vergisst, solltest du die* ***W-Fragen*** *im Text beantworten: Was? Wer? Wo? Wann? Wie? Auch die Aufgabenstellung hilft dir bei der Auswahl der richtigen Informationen. Berücksichtige sie in deiner* ***Gliederung****. Beachte außerdem, dass du keine wörtliche Rede verwenden darfst. Einen Bericht schreibt man im* ***Präteritum****, also in der Vergangenheitsform.*
Achte auf einen ***sachlichen, neutralen Stil****. Die Wortwahl soll treffend und abwechslungsreich sein. Lies deinen Text zum Schluss mehrmals gründlich durch und achte dabei auf Rechtschreibung, Zeichensetzung und Grammatik. Vermeide häufige Wortwiederholungen und gestalte auch den Satzbau abwechslungsreich.*

Erfolgreiche Schulmeisterschaften im Cheertanzen Überschrift

In der letzten Woche vor den Halbjahreszeugnissen fanden in der zweistöckigen Doppelturnhalle unserer Schule zum ersten Mal Stadtschulmeisterschaften im Cheertanzen statt. Cheertanz ist ein Element des Cheerleadings. Zum Cheerleading gehören neben Tanzen auch Turnen und Akrobatik sowie das „Cheeren", also das Anfeuern. Diese sehr anspruchsvolle Sportart wird besonders in großen Sportvereinen angeboten. Die Cheerleaderinnen feuern die Mannschaften an und nehmen an Cheerleading-Wettkämpfen teil. Cheertanzgruppen gibt es in vielen Schulen, sie tanzen in Formationen zu verschiedenen Musikstilen und bauen kleinere Akrobatikelemente ein.

Einleitung
Beantwortung der W-Fragen: Wann? Wo? Was?
(Grund-)Zeitform: Präteritum

Vorstellung des Tanzes (im Präsens)

Im letzten Jahr entstand in unserer Sportkonferenz die Idee, diese Gruppen in einem sportlichen Wettbewerb gegeneinander antreten zu lassen. Unsere Sportfachleiterin, Frau Sturm, setzte sich dafür ein und organisierte den Wettbewerb. Acht Schulen durften in drei Altersklassen je ein Team von vier Personen schicken. Da es nicht genug Jungen für gemischte Mannschaften gab, entschied Frau Sturm, dass nur „All-Girls"-Mannschaften antreten würden. Sie mussten einen Pflichttanz und eine Kür vorbereiten. Jede Schule bestimmte außerdem einen Sportlehrer oder eine Sportlehrerin für die Jury.

Hauptteil
Vorbereitung und Organisation

Anzahl der Teilnehmenden und Jurymitglieder

Am Wettkampftag trafen die Teams mit ihren Lehrkräften ein. Alle Schülerinnen trugen farbenfrohe Kostüme. Um 9 Uhr begann der Wettbewerb für die jüngste Altersklasse der Fünft- und Sechstklässlerinnen in der unteren Halle, während gleichzeitig in der oberen Halle die Cheer-Girls der 7. und 8. Klassen ihre Tänze vorführten. Jedes Team hatte drei Minuten für seinen Auftritt. Anschließend gab es für diese Jahrgänge eine Pause, in der sie den Neunt- und Zehntklässlerinnen zuschauen konnten. Deren Shows wirkten bereits sehr professionell.

Ablauf des Wettbewerbs und Beschreibung des Veranstaltungsorts

Die Teams tanzten zu unterschiedlicher Musik von Hip-Hop über Disco bis Rock'n Roll. Dazu hatten sie Tänze und Tanzformationen einstudiert. Einige führten auch akrobatische Elemente, z. B. einen Stunt (eine Hebefigur)

sachliche Darstellung der Auftritte

oder Jumps (Sprünge) vor. Andere schlugen Räder oder zeigten Flick-Flacks. Der Schwerpunkt lag aber auf der Choreografie.

Nach jeder Darbietung kamen die Jurymitglieder zusammen und vergaben ihre Punkte für die Ausführung, die Schwierigkeit und die Kreativität.

Bewertung durch die Jury

Um 11 Uhr wurden für jede Altersklasse die drei Teams mit den meisten Punkten bekannt gegeben. Sie mussten jetzt mit ihrer Kür gegeneinander antreten, während die Mädchen der anderen Altersklassen zuschauten. Wieder hatten sie drei Minuten Zeit. Die Steigerung der Schwierigkeit zur vorherigen Performance war sehr deutlich. Der Applaus der Zuschauer*innen spornte sie an. Die Entscheidung war eng, aber am frühen Nachmittag standen die Siegerinnen fest. Bei den Jüngsten gewann das Team der Astrid-Lindgren-Schule. Die Meisterschule stellte das Siegerteam bei den Siebt- und Achtklässlerinnen. Bei den Ältesten trug unsere Schule den Sieg davon.

Finale mit einer Vorführung der Kür und Bekanntgabe der Sieger

Alle Siegerinnen erhielten eine Medaille und eine Eintrittskarte für die Hessische Landesmeisterschaft im Cheerleading, die nächsten Monat in Hanau stattfinden wird. Die Veranstaltung war ein großer Erfolg und soll im nächsten Jahr wiederholt werden. (431 Wörter)

Schluss
Siegerehrung und Ausblick

Teil II.B: Sprachliche Richtigkeit

Die Aufgaben zum Teil II.B (Sprachliche Richtigkeit) sind in der Prüfung für Text 1 und Text 2 gleich. Die Lösungen sind hier deshalb nur einmal abgedruckt. Du findest sie am Ende der Lösungen zu Text 1.

Um dir die Lösungen zur Prüfung 2022 schnellstmöglich zur Verfügung stellen zu können, bringen wir sie in digitaler Form heraus.

Sobald die Original-Prüfungsaufgaben 2022 zur Veröffentlichung freigegeben sind, können die dazugehörigen Lösungen als PDF auf der Plattform **MyStark** heruntergeladen werden (Zugangscode vgl. Umschlaginnenseite).

Prüfung 2022

www.stark-verlag.de/mystark

Abschlussprüfungen an Hauptschulen in Hessen 2018
Englisch

A Listening Comprehension

1. Message on an answering machine
Fill in the missing information.

Hinweis: Hier musst du jeweils das richtige Wort einfügen, um den Satz zu vervollständigen. Deine Lösung muss verständlich und sinngemäß richtig sein – nur dann bekommst du einen Punkt.

They are going to pick Melissa up on **Monday** at 7.30.
Melissa must bring her **speakers**.
Eve has bought a **(pink) lipstick**.

2. Conversation at the youth hostel
Tick (✓) the right statement. There is only one possible answer per statement.

Hinweis: Für jede richtige Antwort bekommst du einen Punkt. Wenn du mehrere Antworten ankreuzt, bekommst du keinen Punkt.

Text 1: At the reception desk

(1) The class will stay for _____ nights.
- ☐ 3
- ☑ 4
- ☐ 5

(2) They leave out the
- ☐ hiking trip.
- ☐ sightseeing tour.
- ☑ rafting tour.

(3) The pool is open from
- ☑ 10 am to 8 pm.
- ☐ 11 am to 7 pm.
- ☐ 10 am to 11 pm.

(4) Tonight's vegetarian meal is
- [x] pasta with a mushroom sauce.
- [ ] tofu sausage, chips and beans.
- [ ] veggie burger, chips and peas.

Text 2: Planning the stay

(1) Toby doesn't like
- [ ] minigolf.
- [x] swimming
- [ ] biking.

(2) Eve has got _____ in her bag.
- [x] shampoo, shower gel and toothpaste
- [ ] shampoo, toothpaste and a toothbrush
- [ ] shower gel, make-up and a toothbrush

(3) Gordon is sharing a room with
- [ ] Ben and Luke.
- [ ] Ben and Sam.
- [x] Ben and Toby.

(4) They will go to town
- [ ] this afternoon.
- [ ] tomorrow morning.
- [x] tomorrow afternoon.

3. Survey

Listen to these people talking about Brexit. Who says what? Write the correct letters in the chart. Be careful – there is one statement more than you need.

Hinweis: *Für jede richtige Zuordnung bekommst du einen Punkt. Beachte, dass eine Aussage nicht zugeordnet werden kann.*

John	Lucy	Maddy	Tom	Olivia	Kate	Stefanie
F	**A**	**E**	**G**	**H**	**B**	**D**

4. Phone call

Fill in the missing information.

Hinweis: *Hier musst du die richtigen Lösungen in ein Formular einfügen. Jede Antwort, die sinngemäß richtig und verständlich ist, ergibt einen Punkt. In der Lösung sind verschiedene Möglichkeiten aufgeführt, das Datum anzugeben. Rechtschreibfehler werden nicht gewertet, jedoch muss der buchstabierte Name richtig notiert werden.*

Smithson Job Agency, Sheffield
– application form –

job:	**hairdresser**	
name:	**Imogen** (first name)	**Shaw** (last name)
address:	**7 Bishop Street** Sheffield	
phone number:	**07493 443890**	
date of birth:	**9th September 2001 / 9 September 2001 / 9/9/2001**	
can start from:	**25th June / 25 June**	

B Reading Comprehension

1. The *Great British Bake Off*

a) **Match the six correct headings to each part of the text (1–6). Be careful – there is one heading more than you need.**

Hinweis: Für jede richtige Zuordnung bekommst du einen Punkt. Beachte, dass eine Überschrift nicht zugeordnet werden kann.

part of the text	1	2	3	4	5	6
heading	**C**	**E**	**A**	**B**	**G**	**F**

b) **Answer the questions below. Give short answers.**

Hinweis: Hier musst du keine vollständigen Sätze schreiben. Achte jedoch darauf, dass deine Antworten verständlich sind, auch wenn Rechtschreib- und Grammatikfehler nicht gewertet werden.

What is the *Great British Bake Off* (GBBO)?
a (British) television baking competition/a TV baking show

How long do the episodes last?
1/one hour

What was Candice Brown's job before she won the GBBO?
a (PE) teacher

Where did Candice grow up?
in (her parents') pubs/in London

Which great opportunities were offered to her after she had won the show? (Name one.)
- **(writing) her own cook book /**
- **(being the star in) her own TV baking show /**
- **(opening) her own tea shop**

Name one effect of the show's success.
- **(It has) become part of British culture. /**
- **Interest in home baking has grown. /**
- **(The) sales of baking ingredients/baking books/baking accessories (have) increased. /**
- **(There are) now more than 20 different international versions of the show.**

2. Seven tips for Las Vegas

a) **The following words have more than one meaning. Which of the meanings is the one used in the text? Tick (✓) the correct German meaning. There is only one possible answer.**

objects (line 5):	☑	Gegenstände
past (line 6):	☑	vorbei an
steel (line 11):	☑	Stahl

Write down the German meaning as used in the text.

Hinweis: *Überlege, was das jeweilige Wort im Satzzusammenhang bedeutet, um eine sinngemäß richtige Antwort zu geben. Auch muss sie verständlich sein, obwohl Rechtschreib- und Grammatikfehler nicht gewertet werden. Verwendest du in deiner Antwort die falsche Wortart, bekommst du keinen Punkt.*

rows (line 8):	**Reihen**
drive (line 14):	**Fahrt/Fahrzeit**
year-round (line 17):	**ganzjährig / das ganze Jahr hindurch/über**
stretch (line 25):	**Fluss(abschnitt)/Abschnitt/Strecke**

b) **Fill in the correct tip number. Write down only one tip number per box. Be careful – there is one tip more than you need.**

Hinweis: *Achte hier darauf, dass ein Tipp nicht passt.*

Where can you see	a good place for a science-fiction movie?	**3**
	cool stores?	**6**
	a masterpiece of engineering?	**4**
	objects from Las Vegas' past?	**1**
	things from the bottom of the sea?	**7**
	animals in nature?	**5**

C Use of Language

1. Mediation

a) **Say it in German.**

Hinweis: *Bei der folgenden Mediation musst du nicht unbedingt vollständige Sätze schreiben. Achte jedoch darauf, dass deine Antworten verständlich und sinngemäß richtig sind. Für Antworten auf Englisch bekommst du keine Punkte.*

Ich würde gerne einmal dort klettern gehen! Was passiert denn, bevor wir loslegen dürfen?
(Man bekommt vom Personal) eine Sicherheitsunterweisung.

Ich bin noch nie geklettert! Was passiert, wenn ich während des Kletterns Probleme bekomme?
Das Personal (ist im Wald unterwegs und) kann helfen./
Man kann andere auch einfach überholen lassen.

OK. Welcher Pfad ist denn dann für mich als Anfängerin geeignet?
Tree Top Fun

Alles klar. Ich werde bestimmt trotzdem lange brauchen. Was passiert denn, wenn ich zu langsam bin?
Du lässt andere (einfach) an dir vorbei. / Gar nichts.

Was muss ich bei meiner Kleidung beachten? (2 Informationen)
Kleidung anziehen, die schmutzig werden darf / Regenmantel / nichts Bauchfreies / geeignetes Schuhwerk (mit griffigen Sohlen) / keine Sandalen

Was passiert bei Sturm?
Bei Sturm schließen sie/wird geschlossen.

Was muss ich beachten, wenn ich einen Fotoapparat mitnehmen möchte?
(Du musst ihn) an der Kleidung festmachen.

Das ist mir zu riskant. Was soll ich denn dann am besten mit meinen Wertsachen machen?
zu Hause lassen

Gut, dann lass uns das jetzt buchen. Wie geht das denn am einfachsten?
über einen Link auf der Internetseite

Super, ich freue mich schon!

b) **Say it in English.**

Hinweis: Lies dir die Aufgabenstellung und die Situationen 1 und 2 genau durch, denn nur für eine verständliche und sinngemäß richtige Antwort bekommst du einen Punkt. Bei Rechtschreibfehlern bekommst du keine Punkte abgezogen. Ist die Lösung durch Grammatikfehler nicht mehr verständlich, wird sie jedoch nicht gewertet. Achte auch darauf, dich höflich auszudrücken!

Situation 1:

Assistant:	Hello. Do you need any help?
You:	Yes, please. (1) **My suitcase hasn't arrived.**
Assistant:	Oh, I'm very sorry. May I check your ticket for your registration number, please? What does your suitcase look like?
You	(2) **It is red and there is/it has a blue sticker on the/its side.**
Assistant:	OK. Thank you. I've entered the details into our system. Here's your reference number. We'll call you as soon as we've found your suitcase. I'm sorry for the inconvenience.
You:	Thank you very much for your help.

Situation 2:

Ms Miller:	Hello. This is Angela Miller from the airport luggage office speaking. We've found your suitcase. It was on the wrong luggage belt.
You:	Hello. Oh, that's great. (1) **Shall I come and pick up/get my suitcase?**
Ms Miller:	Oh, no. We'll send it to your hotel.
You:	OK. (2) **When will it arrive/be at the hotel?**
Ms Miller:	The courier will be on his way within the next two hours, so you'll get it by this afternoon.

You:	(3) **I'm so happy/glad that you found it/my suitcase. Thank you very/so much.**
Ms Miller:	We are very sorry for causing so much trouble with your luggage. Enjoy your holiday!

2. Words and structures

Choose the correct options and fill in the gaps.

Hinweis: Für jede richtige Antwort gibt es einen Punkt. Achte darauf, dass du das Wort auch richtig in die Lücke schreibst, da auch die richtige Lösung nicht gewertet wird, wenn sie einen Rechtschreibfehler enthält.

Turn off your TV

A new study reveals that watching less television may lead to a longer life.
Sitting in front of the television may **be** relaxing. However, spending too **much** time in front of the TV may shorten your life. That's **what** Australian researchers found out. They collected TV viewing information from more than 11,000 people older **than** 25 years. They discovered that people who watched an average of six hours **of** TV a day lived an average 4.8 years less than those who didn't watch any television. They also found out that every hour that participants watched after the age of 25 was associated with a 22-minute reduction in **their** life expectancy.
It's no **mystery** that sitting in front of the TV isn't healthy. If you don't **get** enough exercise, you will probably develop diseases such as heart problems. The lead author of the study states that **watching** TV also lowers life expectancy because of the poor diet that junk-food advertising can promote. He says that it might make sense for doctors to start asking their **patients** about how much time they spend in front of the TV.

Adapted from: http://www.timeforkids.com/news/turn-your-tv/11981 (last accessed on 16.02.2017)

D Text Production

Hinweis: Achte darauf, nur eine der beiden Aufgaben zu bearbeiten. Wähle die Aufgabe, zu der dir am meisten einfällt. Gehe auf alle Punkte ein, die angegeben sind. Orientiere dich dabei an der vorgegebenen Wortanzahl. Die folgenden Lösungen sind Beispiele.

The best thing about your home town

In my home town there is a fantastic leisure park with all kinds of attractions. You just buy a ticket and can stay in the park the whole day.

There is a big roller-coaster, a free fall tower and a ghost train, and also pony rides and a merry-go-round for little children. And best of all: There is an indoor swimming pool with a long slide.
Whenever there is a birthday party, we visit this place because it's fun for everybody. At the weekend many people visit our town to enjoy our leisure park.

Write a text about the picture

In the picture, there is a little boy of about five or six years. He's wearing a white T-shirt with something printed on it. His mouth and eyes are wide open. He is looking very concentrated and excited at the same time because he's holding onto an ice cream cone with eleven scoops on top. It looks like a tower.
The boy wants to keep this "tower" in his hands as long as possible, of course. But in a moment the tower will topple, and the ice cream will melt on the grass.

Abschlussprüfungen an Hauptschulen in Hessen 2019
Englisch

A Listening Comprehension

1. Message on an answering machine
Fill in the missing information.

Hinweis: Vervollständige die Sätze jeweils mit dem richtigen Wort aus dem Hörtext. Achte darauf, dass deine Lösung verständlich und sinngemäß richtig ist, da du nur dann einen Punkt bekommst.

Veronica missed her **train**.
She arrives in Liverpool at **8:15** pm.
She will go straight to the **restaurant**.

2. Conversations
Tick (✓) the right statement. There is only one possible answer per statement.

Hinweis: Du bekommst für jede richtige Antwort einen Punkt. Wenn du mehr als eine Antwort ankreuzt, bekommst du keinen Punkt, auch wenn die richtige Antwort dabei wäre.

Text 1: At the restaurant

(1) The mozzarella balls are
- ☐ only for Veronica.
- ☐ only for Dale.
- ☑ for Veronica and Dale.

(2) Dale can't have _______ this evening
- ☐ the chicken breast.
- ☑ the steak pie.
- ☐ fish and chips.

(3) They do not want wine because
- ☐ Dale doesn't feel like it.
- ☐ Veronica has to drive.
- ☑ Veronica has a busy day tomorrow.

(4) Veronica needs a new
- ☐ glass.
- ☐ fork.
- ☑ knife

Text 2: Conversation in the restaurant

(1) At work today, Veronica
- ☐ talked to her boss at ten o'clock.
- ☐ booked flights for her team.
- ☑ prepared the presentation.

(2) Veronica will be away from
- ☐ Tuesday to Wednesday.
- ☑ Wednesday to Monday.
- ☐ Monday to Tuesday.

(3) For her trip, she needs
- ☐ warm clothes only.
- ☐ light clothes only.
- ☑ warm and light clothes.

(4) Veronica has extra work because
- ☐ she had to read her e-mails.
- ☑ a colleague is ill.
- ☐ she left the office early.

3. Survey
Listen to these people talking about embarrassing or annoying parents. Who says what? Write the correct letters in the chart. Be careful – there is one statement more than you need.

Hinweis: *Hier bekommst du für jede richtige Zuordnung einen Punkt. Beachte, dass eine Aussage zu keiner Person passt.*

Roman	David	Christian	Beth	Jenna	Leroy	Tess
H	**E**	**A**	**C**	**B**	**G**	**F**

4. Phone call
Fill in the missing information.

Hinweis: *Hier musst du die richtigen Lösungen in ein Reservierungsformular einfügen. Beachte, dass Rechtschreibfehler zwar nicht gewertet werden, deine Lösungen aber sinngemäß richtig und verständlich sein müssen, damit du einen Punkt bekommst. Der buchstabierte Name muss jedoch richtig notiert werden.*

Circus Restaurant
– Reservation form –

date:	**(the) 29th (of) August / 29 August**
time:	**8/eight (pm) / 8 o'clock (in the evening)**
number of people:	**7/seven**
occasion:	**(dad's/father's) birthday (party)**
last name:	**Cunningham**
phone number:	**01293 784 829**
entertainment:	**magic show / clown / fire eater**

B Reading Comprehension

1. National park rangers

a) **Match the six correct headings to each part of the text (1–6). Be careful – there is one heading more than you need.**

Hinweis: *Für jede richtige Zuordnung bekommst du einen Punkt. Beachte, dass eine Überschrift zu keinem Abschnitt passt.*

part of the text	1	2	3	4	5	6
heading	**D**	**G**	**B**	**E**	**C**	**A**

b) **Answer the questions below. Give short answers.**

Hinweis: *Achte bei deinen Antworten darauf, dass sie verständlich sind, auch wenn Rechtschreib- und Grammatikfehler nicht gewertet werden. Du musst nicht unbedingt in ganzen Sätzen antworten. Deine Antworten kannst du direkt aus dem Text nehmen.*

Why does Ann compare Grand Canyon National Park to a museum?
It shows some of America's most beautiful and historic places.

How do children feel when they look at the canyon?
(They are) amazed (at the canyon's size and colors). /
They think it looks like a painting.

Name one detail of a park ranger's uniform.

- **flat hat /**
- **hiking boots /**
- **National Park Service symbol /**
- **uniform shirt**

What do rangers always carry in their backpacks? (two details)

- **radio /**
- **first-aid kit /**
- **water /**
- **snacks /**
- **sunscreen**

How should a park ranger behave in a dangerous situation?
stay calm (in an emergency)/be prepared (for any situation)

2. Festivals around the world

a) **The following words have more than one meaning. Which of the meanings is the one used in the text? Tick (✓) the correct German meaning. There is only one possible answer.**

once (line 8): ☑ sobald
pour (line 28): ☑ schütten

Write down the German meaning as used in the text.

Hinweis: *Überlege, was das jeweilige Wort im Satzzusammenhang bedeutet, um eine sinngemäß richtige Antwort zu geben. Auch muss sie verständlich sein, obwohl Rechtschreib- und Grammatikfehler nicht gewertet werden. Verwendest du in deiner Antwort die falsche Wortart, bekommst du keinen Punkt.*

honour (line 10): **ehren**

release (line 16): **schwimmen lassen/(Boote) zu Wasser lassen**

season (line 18): **Saison/Zeit**

attracts (line 22): **zieht an/lockt an**

match (line 37): **passen (zu)/entsprechen**

b) **Fill in the correct places. Write down only <u>one</u> place per box. Be careful – there is one tip more than you need.**

Hinweis: *Beachte, dass ein Ort nicht zugeordnet werden kann.*

Where do people	colour each other?	**India**
	celebrate Caribbean traditions?	**London**
	celebrate the lives of the deceased?	**Mexico**
	play and make a mess with drinks?	**Haro**
	enjoy some jokes?	**Montreal**
	have "vegetable-battles"?	**Buñol**

C Use of Language

1. Mediation

a) **Say it in German.**

Hinweis: *In der folgenden Mediation musst du auf Deutsch antworten. Es wird nicht von dir verlangt, vollständige Sätze zu schreiben. Achte jedoch darauf, dass deine Antworten verständlich und sinngemäß richtig sind.*

Sag mir doch bitte zuerst, wie hoch dieser *Mount Washington* überhaupt ist.
1917 m/Meter

Wow! Da hat man ja sicher eine tolle Aussicht. Was kann man denn vom Gipfel aus sehen?
(den) White Mountain National Forest / Vermont / New York / (den) Atlantischen Ozean/Atlantik

Das klingt großartig. Und was kann man dort oben machen?
historische Gebäude besichtigen /
(im Besucherzentrum) Geschenke kaufen /
in die Cafeteria (und auf die Toilette) gehen /
ins „Extreme Mount Washington Museum"/in ein Museum gehen /
Fotos (von der Gipfelmarkierung) machen

Dann lass uns mal nachschauen, wie wir dort hinaufkommen … Ich sehe, dass man selbst fahren kann. Wie lange dauert das?
30/dreißig Minuten

Das ist schneller als ich dachte! Wie sind denn die Straßen dort?
sehr schmal / eng und steil

Oje, ich weiß nicht, ob ich mich dabei wohlfühlen werde … Sag mir doch mal, was in der geführten Tour inbegriffen ist. (3 Informationen)
- **die Fahrt (zum und vom Gipfel)**
- **Informationen durch die Fahrerin/den Fahrer**
- **60 Minuten Aufenthalt auf dem Gipfel**

Das klingt gut, aber es ist sehr schade, dass die Zeit begrenzt ist. Da hat man auf dem Gipfel ja kaum Zeit. Was kostet denn ein Ticket für Erwachsene?
36 $/Dollar

OK. Dein Bruder möchte ja gerne mit dem Fahrrad auf den Gipfel fahren. Was steht darüber auf der Website?
Fahrräder sind auf dem Gipfel (leider) nicht erlaubt.

Alles klar. Dann müssen wir jetzt nur noch festlegen, wann wir diesen Ausflug machen werden …

b) **Say it in English.**

Hinweis: *Lies dir die Aufgabenstellung und die Situationen 1 und 2 genau durch, denn nur für eine verständliche und sinngemäß richtige Antwort bekommst du einen Punkt. Bei Rechtschreibfehlern werden dir keine Punkte abgezogen. Ist deine Lösung aufgrund von Grammatikfehlern nicht mehr verständlich, wird sie jedoch nicht gewertet. Beachte auch, dass du dich höflich ausdrückst, sonst kann dir ein halber Punkt abgezogen werden.*

Situation 1:

You:	(1) **Hello. Excuse me, could/can you help me please? I've/I have left/forgotten my backpack on the bus.**
Woman:	Hi. Yes, of course. That's annoying. But don't worry. Usually other passengers will hand in lost items to the driver. You can collect them at our Lost Property Office tomorrow.
You	(2) **I'm happy/glad to hear that./Oh, wonderful! Can you give/tell me the address, please?/Can you tell me where it is, please?**
Woman:	You will find the Lost Property Office at 200 Baker Street. Good luck!
You:	Thank you very much. Bye.

Situation 2:

Employee:	Good morning. How can I help you?
You:	(1) **Good morning. I would like to ask if someone (has) handed in/turned in a backpack?**

Employee:	Well, let me check. There are a few back here. Can you describe yours, please?
You:	(2) **It's/It is blue with black straps.**
Employee:	Yes, there's a blue backpack here. To make sure it's yours, could you tell me what's inside, please?
You:	Yes, of course. (3) **(There is) a guidebook and a small umbrella (in it).**
Employee:	OK. I found it all. I guess it's yours. You just need to fill in this form and I'll be glad to give it to you.
You:	Thank you very much. Bye.

2. Words and structures

Choose the correct options and fill in the gaps.

Hinweis: *Achte hier darauf, dass du die Wörter richtig in die jeweilige Lücke schreibst! Auch wenn du die korrekte Lösung gewählt hast, wird sie nicht gewertet, wenn sie einen Rechtschreibfehler enthält.*

Gorilla born at National Zoo

On Sunday, the National Zoo in Washington welcomed a baby Western Lowland Gorilla.
The zoo announced **that** this was the first gorilla birth at the zoo in nine years. Mother Calaya cares for her son, Moke, in the Great Ape House.
Moke is the **first** baby gorilla for 15-year-old mom Calaya and dad Baraka. Zookeepers have **observed** Calaya feeding the infant.
They are optimistic that Moke will do well in her care. They have given Calaya motherhood lessons **with** a stuffed toy gorilla.
"We will help her if she needs it, but I am sure that Calaya will be a great mom to Moke," animal keeper Melba Brown says.
Moke will grow up in the **zoo's** gorilla group. In addition to his parents, there are also a young female and an adult female in this group. Two other male gorillas also live **there**. Last Monday, the zoo **closed** the Great Ape House in order to give mother and son some time on their own.
The organisation IUCN has the Western Lowland Gorillas **on** the list of endangered animals. Their **numbers** have fallen in the **past** 25 years because of hunting and diseases in Africa.

Adapted from: https://www.washingtonpost.com/lifestyle/kidspost/western-lowland-gorilla-born-at-national-zoo/2018/04/16/24226d16- 41a1-11e8-bba2-0976a82b05a2_story.html?utm_term=.06a4ed 795a3f (abgerufen am 13.05.2018, adaptiert

D Text Production

__Hinweis:__ Achte darauf, in der Prüfung nur eine der beiden Aufgaben zu bearbeiten. Wähle die Aufgabe, zu der dir am meisten einfällt. Gehe auf alle Punkte ein, die angegeben sind. Orientiere dich dabei an der vorgegebenen Wortanzahl. Die folgenden Lösungen sind Beispiele.

Superhero

My superhero is my best friend Lisa. She is two years older than me and she has deep blue eyes that sparkle like stars. Her special power is to make me feel better when I have problems with my parents or my friends. She always has a solution and just makes me laugh. When I am ill she comes to see me and tells me wonderful stories. I can trust in her more than in anybody else so I don't know what I would do without her.

Write a text about the picture

__Hinweis:__ Sieh dir das Foto genau an. Wer ist darauf zu erkennen? Beschreibe, was die Personen machen, an welchem Ort sie sich befinden und warum sie dort sind. Vergiss am Schluss nicht zu schreiben, was wohl als nächstes passieren wird.

In the picture I see a woman, a boy and a girl sleeping on a bench at an airport. Maybe it is a grandmother with her grandchildren waiting for their flight. The boy is lying on the woman's legs and the girl is leaning against a suitcase. They are very exhausted because they arrived at the airport early in the morning. Their flight to Turkey was cancelled and they don't know when the next one will go.
Suddenly, they are woken by an announcement: their flight is ready for boarding! They are so happy that they can continue their journey.

Abschlussprüfungen an Hauptschulen in Hessen 2020
Englisch

A Listening Comprehension

1. Message on an answering machine
Fill in the missing information.

Hinweis: *Hier musst du die Sätze jeweils mit dem richtigen Wort/den richtigen Wörtern aus dem Hörtext vervollständigen. Beachte, dass deine Lösung verständlich und sinngemäß richtig sein muss, denn nur dann bekommst du einen Punkt.*

Tony Morelli is the owner of Tony's **garage**.
He is calling about **(an) application / (a) work experience (placement) / a placement**.
Harry can start working next **Monday**.

2. Conversations
Tick (✓) the right statement. There is only one possible answer per statement.

Hinweis: *Für jede richtige Antwort bekommst du hier einen Punkt. Wenn du jedoch mehr als eine Antwort ankreuzt, erhältst du keinen Punkt, auch wenn die richtige Antwort dabei wäre.*

Text 1: At the youth hostel

(1) The two friends have booked a room for
- ☐ four days.
- ☑ seven days.
- ☐ nine days.

(2) A hostel card will
- ☐ be cheaper.
- ☐ cost £ 35.
- ☑ save them 10 %.

(3) At the youth hostel they will have
- ☐ breakfast and lunch.
- ☐ lunch plus a hot evening meal.
- ☑ breakfast and an evening meal.

(4) Markus and Andreas do not want to eat
- ☐ regular food.
- ☐ flow calorie food.
- ☑ vegetarian food.

Text 2: Making plans

(1) They should start the sightseeing tour with
- ☐ Tower Bridge.
- ☑ Buckingham Palace.
- ☐ Madame Tussauds.

(2) The friends are not interested in
- ☐ Tower Bridge.
- ☐ Victoria Station.
- ☑ Madame Tussauds.

(3) There is a direct connection to Big Ben by
- ☐ tram.
- ☐ taxi.
- ☑ tube.

(4) In the end they decide to
- ☐ go by coach.
- ☐ visit the London Eye.
- ☑ use bicycles.

3. Survey

Listen to these people talking about summer holidays. Who says what? Write the correct letters in the chart.
Be careful – there is one statement more than you need.

Hinweis: *Für jede richtige Zuordnung bekommst du einen Punkt. Eine Aussage passt dabei zu keiner Person.*

Mrs Smith	Peter	Mr Gear	Sandra	Alice	Mrs Hall	George
B	**D**	**A**	**C**	**F**	**H**	**G**

4. Phone call

Fill in the missing information.

Hinweis: *Die richtigen Lösungen trägst du hier in ein Reservierungsformular ein. Zwar werden Rechtschreibfehler nicht gewertet, deine Lösungen müssen aber sinngemäß richtig und verständlich sein, damit du einen Punkt bekommst. Der buchstabierte Name muss jedoch auf jeden Fall korrekt notiert werden.*

Davies Court Hostel
– reservation form –

date:	**29(th) September / September 29**
room type:	**single (room)**
number of nights:	**5 / five**
last name:	**Gonzalez**
nationality:	**American**
phone number:	**001 202 555 0124**
special request:	**(reserve a) space for bike / bicycle garage**

B Reading Comprehension

1. Pocahontas

a) **Match the six correct headings to each part of the text (1–6). Be careful – there is one heading more than you need.**

Hinweis: Du bekommst für jede richtige Zuordnung einen Punkt. Beachte, dass eine Überschrift zu keinem Abschnitt passt.

part of the text	1	2	3	4	5	6
heading	**C**	**F**	**E**	**A**	**G**	**D**

b) **Answer the questions below. Give short answers.**

Hinweis: Achte bei deinen Antworten darauf, dass sie verständlich sind, auch wenn Rechtschreib- und Grammatikfehler nicht gewertet werden. Du musst nicht unbedingt in ganzen Sätzen antworten und du kannst die Wörter direkt aus dem Text nehmen. Du bekommst pro Antwort einen Punkt. Wenn du nur zum Teil richtig geantwortet hast, werden keine halben Punkte vergeben.

When was Pocahontas born?
(around the year) 1595

What did Pocahontas learn as a child?
to make a fire / to cook / to search for food (like berries and nuts)

How old was Pocahontas when the English arrived?
12 / twelve (years old)

Why did Pocahontas want to stay with the English?
She fell in love (with John Rolfe/an Englishman).

What did Pocahontas do in London?
dress in fancy clothes / go to parties / meet King James / meet John Smith

Why did Pocahontas die?
She became (very) sick.

Why do people admire Pocahontas today?
(because) she connected two (very) different cultures

2. Your digital footprint

a) **The following words have more than one meaning. Which of the meanings is the one used in the text? Tick (✓) the correct German meaning. There is only one possible answer.**

hard (line 16): ☑ schwer
mean (line 29): ☑ bedeuten

Write down the German meaning as used in the text.

Hinweis: *Überlege, was das jeweilige Wort im Satzzusammenhang bedeutet, um eine sinngemäß richtige Antwort zu geben. Auch muss sie verständlich sein, obwohl Rechtschreib- und Grammatikfehler nicht gewertet werden. Verwendest du in deiner Antwort die falsche Wortart, bekommst du keinen Punkt.*

content (line 10): **Inhalt**

letters (line 13): **Buchstaben**

way (line 24): **Weg/Möglichkeit/Art und Weise**

raise (line 25): **beschaffen/aufbringen/sammeln**

skill (line 26): **Fertigkeit/Fähigkeit**

b) **Fill in the correct tips. Write down only <u>one</u> tip per box.**
Be careful – there is one tip more than you need.

Hinweis: Beachte, dass ein Tipp nicht zugeordnet werden kann.

Which tip tells you to	think about what you post?	**4**
	help others?	**5**
	search for your name?	**1**
	delete old accounts?	**6**
	check your privacy settings?	**2**

C Use of Language

1. Mediation

a) **Say it in German.**

Hinweis: Hier musst du deine Antworten auf Deutsch geben. Auch wenn von dir nicht verlangt wird, vollständige Sätze zu schreiben, solltest du darauf achten, dass deine Antworten verständlich und sinngemäß richtig sind.

Wir wollen ja im Londoner East End eine Stadtführung machen. Dieses Angebot scheint eine Kombination aus Essen und Besichtigungen zu sein. Welche Sehenswürdigkeiten bekommt man zu sehen? (2 Informationen)

- **(einmalige) Architektur /**
- **historische Stätten /**
- **(alte) römische Friedhöfe /**
- **alte Häuser /**
- **(versteckte) Synagogen /**
- **Street Art/Straßenkunst**

OK, dann geht es also nicht nur um Essen. Wie bewegt man sich da fort?
(Man ist) zu Fuß (unterwegs.) / Man läuft.

Und wer macht dort die Führung?
(unterhaltsame) Einheimische

Wie lange dauert diese Tour?
vier/4 Stunden

Wie viel muss ein Erwachsener bezahlen?
80 Pfund/£

Ganz schön teuer. Wie viele Kostproben sind da inbegriffen?
sieben / 7 (Kostproben)

Nenne mir doch mal ein paar Speisen, damit ich weiß, ob das Essen nach unserem Geschmack ist. (2 Informationen)
- **Gebäck / Backwaren /**
- **(englischer) Käse /**
- **Dessert / Nachspeise /**
- **salziges Karamelltörtchen**

Klingt lecker. Was wird denn über die Gruppengröße gesagt?
Es sind nur kleine Gruppen.

OK. An welchen Tagen und Uhrzeiten starten die Touren?
immer Montag bis Samstag morgens um 10 Uhr

b) **Say it in English.**

__Hinweis:__ Lies die Aufgabenstellung und die Situationen 1 und 2 genau durch, da du nur für eine verständliche und sinngemäß richtige Antwort einen Punkt bekommst. Bei Rechtschreibfehlern werden dir keine Punkte abgezogen. Ist deine Lösung aufgrund von Grammatikfehlern nicht mehr verständlich, wird sie jedoch nicht gewertet. Beachte auch, dass du dich höflich ausdrückst, andernfalls wird dir ein halber Punkt abgezogen.

Situation 1:

Trudy:	Now this is your room. We'll leave at around 9 o'clock, so remember to get up in time. Do you want me to give you an alarm clock?
You:	(1) **No, thank you. I use my mobile phone as an alarm clock.**
Trudy:	OK. What would you like to eat for breakfast?
You:	(2) **I'm not hungry in the mornings, so I would just like some juice, please.**
Trudy:	I understand – it's the same with me! We'll have a little picnic at the lake. You can eat later.

Situation 2:

Trudy:	What's the matter? Don't you feel well?
You:	(1) **No, I've got a headache and I feel sick.**
Trudy:	Oh dear – poor you. Is there anything I can do to help?
You:	(2) **No, thank you. I just need some rest.**
Trudy:	Yes, of course!

You:	(3) **May/Could I lie down/rest in the car for a while, please?**
Trudy:	Sure, take your time and I hope you'll feel better soon!

2. Words and structures

Choose the correct options and fill in the gaps.

Hinweis: *Schreibe hier die Wörter richtig in die jeweilige Lücke. Ist die Lösung, auch wenn sie korrekt ist, falsch geschrieben, wird sie nicht gewertet.*

Hedgehogs are becoming popular pets

More and more people have hedgehogs as a pet than ever before. Some people think this is strange because hedgehogs **have** spines. They are famous for their spines, which they have **everywhere** except on their face, legs and bellies. Hedgehogs need them to protect themselves while they sleep and when they see enemies. When they are attacked, hedgehogs curl up into a ball. Then **their** spines stand up so that they really feel sharp. Hedgehogs usually sleep in this **position** during the day and wake up to search for food at night. But they are sometimes active during the day too, especially after it **has rained**.
Top on the hedgehog's **menu** are insects, followed by small mice, snails, frogs, eggs and even snakes. Although hedgehogs mostly stay on the ground, they are quite good swimmers and can climb trees too!
People like hedgehogs **because** they are such cute animals. When they are relaxed, their spines feel soft. They have probably become more popular because so many people post lovely photos **of** hedgehogs on social media.
But don't **expect** your pet hedgehog to be like a cat or a dog. You cannot play with hedgehogs. Sometimes you can cuddle with them, but mostly they just eat and sleep.

Hedgehog Facts!, National Geographic Kids, https://www.natgeokids.com/uk/discover/animals/general-animals/hedgehog-facts/; Hedgehog, National Geographic, https://www.nationalgeographic.com/animals/mammals/h/hedgehog/

D Text Production

***Hinweis**: Beachte, dass du in der Prüfung nur <u>eine</u> der beiden Aufgaben bearbeiten sollst. Lies dir beide Aufgaben genau durch und überlege, zu welcher dir am meisten einfällt. Nimm auf alle Punkte Bezug, die angegeben sind. Vergiss auch nicht, die vorgegebene Wortzahl einzuhalten. Die folgenden Lösungen sind Beispiele.*

My favourite store

My favourite store is definitely "Bubble" clothes store in Frankfurt, where they always have the latest and most stylish fashion.
For me it's the best store because you can buy unusual clothes there that not everybody wears – and the best thing is that the prices are not too high.
Next week I'm going to buy a pair of designer jeans and a beautiful T-shirt with a special print.
Whenever I go to the store I ask my friends to come with me so that they can also try on and buy the cool clothes there.

Write a text about the picture

***Hinweis**: Hier musst du dir das Foto genau ansehen, um die Details zu erkennen. Gehe auf folgende Fragen ein: Wer ist darauf zu erkennen? Wo könnten die Personen sich befinden? Was machen sie? Vergiss am Schluss auch nicht zu schreiben, was wohl als Nächstes passieren wird.*

In the picture there is a man in a suit and a woman in a black dress sitting on a bench with three girls in front of a brick wall. Maybe they are waiting for the bus. They all are holding muffins.
The youngest girl is sitting between the man and the woman. The older girl on the man's other side has a tray with various muffins on her lap. Maybe she offered some to the others before. The man is opening his mouth, trying to take a bite of the other girl's muffin. They are all having so much fun watching this scene that they are going to miss their bus!

Abschlussprüfungen an Hauptschulen in Hessen 2021
Englisch

A Listening Comprehension

1. Voice mail message
Fill in the missing information.

Hinweis: *Für jede Antwort, die verständlich und sinngemäß richtig ist, bekommst du einen Punkt. Bei der Angabe der Uhrzeit können mehrere Schreibweisen richtig sein. Rechtschreib- und Grammatikfehler führen nicht zu Punktabzug.*

Hal is Paul's **cousin**.
Hal is arriving at the airport at **half past three / 3:30 / three thirty / 15:30**.
Paul must make himself a **sandwich** for lunch.

2. Conversations
Tick (✓) the right statement. There is only one possible answer per statement.

Hinweis: *Für jede richtige Antwort bekommst du hier einen Punkt. Kreuze dabei aber nicht mehrere Antworten an, sonst erhältst du null Punkte, auch wenn die richtige Antwort dabei ist.*

Text 1: Preparing for Hal's visit

(1) Hal
- ☐ has brown hair and blue eyes.
- ☐ has brown hair and wears glasses.
- ☑ is tall and has blond hair.

(2) Hal is staying with Paul and his family for
- ☐ one week.
- ☑ ten days.
- ☐ two weeks.

(3) During Hal's stay, they will
- ☑ go walking in the country.
- ☐ move to Manchester.
- ☐ go swimming in town.

(4) Hal will sleep
- [ ] at Gran's house.
- [ ] in Paul's room.
- [x] in Susie's room.

Text 2: Meeting Hal

(1) On the flight to England,
- [ ] Hal watched three films.
- [ ] a baby screamed for the whole flight.
- [x] Hal wore headphones and fell asleep.

(2) On the day Hal left New York, it was
- [ ] rainy.
- [x] sunny.
- [ ] snowy.

(3) Trifle is
- [x] made with cream.
- [ ] Mum's speciality.
- [ ] an American dessert.

(4) Toad-in-the-hole
- [ ] is made with real toads.
- [ ] is a pudding cooked in the oven.
- [x] is a dish with sausages.

3. Survey

Listen to these people talking about simple ways of saving the planet. Who says what? Write the correct letters in the chart. Be careful – there is one statement more than you need.

Hinweis: *Für jede richtige Zuordnung erhältst du einen Punkt. Eine Aussage kann dabei keiner Person zugeordnet werden.*

Cindy	Rachel	Philip	Harry	Vicki	Kim	Carmen
D	**A**	**H**	**E**	**F**	**B**	**G**

4. Emergency phone call
Fill in the missing information.

Hinweis: *Achte darauf, dass deine Lösung verständlich und sinngemäß richtig ist. Bei Rechtschreib- und Grammatikfehlern bekommst du keinen Punktabzug, es muss aber noch erkennbar sein, was du gemeint hast. Wenn allerdings ein Wort im Hörtext buchstabiert wird und du es falsch notierst, gibt es keine Punkte.*

Warwick Ambulance Service
Emergency details

street:	**Wedgnock Street**
extra detail about location:	**bus stop in front of house**
phone number:	**07911 8870359**
injury:	**(granddad has) broken (his) leg**
how it happened:	**(he) fell off a ladder**
patient's age:	**71**
instructions:	**Don't move (your) granddad/him.**

B Reading Comprehension

1. Nelson Mandela

a) **Match the six correct headings to each part of the text (1–6). Be careful – there is one heading more than you need.**

Hinweis: *Für jede richtige Zuordnung erhältst du einen Punkt. Eine Überschrift kann dabei keinem Textabschnitt zugeordnet werden.*

part of the text	1	2	3	4	5	6
heading	**E**	**B**	**G**	**F**	**C**	**A**

b) **Answer the questions below. Give short answers.**

Hinweis: *Für jede Antwort, die sinngemäß richtig ist, bekommst du einen Punkt. Auch wenn du nicht in ganzen Sätzen antworten musst, solltest du auf Rechtschreibung und Grammatik achten, damit deine Lösung verständlich ist.*

What was Nelson's name as a young boy?
Rolihlahla

Which advantages did white people have during apartheid? Name two.
(they …)
controlled the country /
(had) better lives /
(had) good jobs /
(had) nice homes /
(could go to) good schools /
(could go to) good hospitals /
(could) vote in elections

What was the aim of the ANC?
equal rights for blacks

When was Mandela arrested for the first time?
in 1956

Why did Mandela and the president win the Nobel Peace Prize?
they ended / worked to end apartheid

Where can people read about Mandela's life?
in his book / in *Long Walk to Freedom*

2. Valentine traditions around the world

a) **The following words have more than one meaning. Which of the meanings is the one used in the text? Tick (✓) the correct German meaning. There is only one possible answer.**

patterns (line 22): ☑ Muster
afford (line 28): ☑ sich etwas leisten

Write down the German meaning as used in the text.

Hinweis: *Bei Rechtschreibfehlern wird dir auch hier kein Punkt abgezogen – wählst du jedoch die falsche Wortart, erhältst du keinen Punkt.*

add (line 2): **hinzufügen/dazuschreiben**
kinds (line 7): **Sorten/Arten**
express (line 11): **ausdrücken/zeigen**
carve (line 22): **schnitzen/einritzen**
benefit (line 25): **profitieren (von)/einen Nutzen ziehen (aus)/einen Vorteil haben**

b) **Fill in the correct countries. Write down only <u>one</u> country per box. Be careful – there is one country more than you need.**

Hinweis: *Beachte, dass ein Land nicht zugeordnet werden kann.*

Which country celebrates	with mass weddings?	**Philippines**
	by giving cutlery?	**Wales**
	by presenting two kinds of chocolate?	**Japan**
	by writing anonymous cards?	**Denmark**
	with a carnival?	**Brazil**

C Use of Language

1. Mediation

a) **Say it in German.**

Hinweis: *Hier musst du nicht unbedingt vollständige Sätze schreiben. Auch gibt es keinen Punktabzug, sofern man versteht, was gemeint ist und die Aussage dem Text sinngemäß entspricht. Beachte, dass du hier auf Deutsch antworten musst.*

Charly ist geimpft, entwurmt und gechippt. Das sind sicherlich Voraussetzungen für die Einreise. Welche offiziellen Anforderungen gibt es noch?
Er braucht einen Tierpass.

OK. Falls wir mit dem Auto fahren, würden wir die Fähre nutzen. Wo verbringt Charly die Überfahrt?
im Hundehotel (auf der Fähre)

Ich weiß nicht, ob Charly seekrank werden könnte. Was können wir vorbeugend tun?
- **Wir sollten vorher mal (auf einem Gewässer) testen, ob er seekrank wird. /**
- **Falls er seekrank wird, sollen wir den Tierarzt kontaktieren, der dann ein Medikament verschreiben kann.**

Alles klar. Grundsätzlich ist er an lange Autofahrten in seiner Box gewöhnt. Welche weiteren Tipps in Bezug auf Hunde im Auto bietet die Website?
Man sollte seinen Hund nicht alleine im Auto lassen.

Eigentlich würden wir ja nur mit dem Auto fahren, weil ich gehört habe, dass Hunde im Flugzeug im Frachtraum fliegen müssen. Schau mal auf der Seite, ob das für alle Hunde zutrifft oder welche Ausnahmen es gibt.
Kleine Hunde oder Assistenzhunde müssen nicht im Frachtraum fliegen.

Ah, OK! Dann würde das doch klappen. Wenn überhaupt, würden wir mit Ryanair fliegen. Da steht doch etwas zu Ryanair. Was ist zu beachten?
Ryanair nimmt keine Hunde mit.

Dann spreche ich nochmal mit deinem Vater. Vor Ort werden wir bestimmt oft U-Bahn fahren. Was kostet ein Hundeticket?
Man braucht keines – Hunde können kostenlos fahren.

Und welche Regeln gibt es sonst noch für das U-Bahn-Fahren?
(2 Informationen)
- **Die Besitzer*innen müssen ihre Hunde immer unter Kontrolle haben. /**
- **Die Hunde müssen angeleint sein … /**
- **oder in einer Box transportiert werden. /**
- **Es muss ausreichend Platz für sie vorhanden sein. /**
- **Sie dürfen keine Gefahr darstellen.**

b) **Say it in English.**

***Hinweis:** Lies dir die Situationen, die auf Deutsch beschrieben sind, zuerst genau durch und vervollständige dann die Dialoge. Überlege, wie du angemessen auf Englisch reagieren könntest. Bei Rechtschreib- oder Grammatikfehlern bekommst du keinen Punkt, wenn deine Antwort nicht mehr verständlich ist. Sollte die Aussage trotz Fehlern noch erkennbar sein, wird ein halber Punkt abgezogen. Falls die Höflichkeitsfloskeln („Please", etc.) fehlen, wird für die ganze Aufgabe ein halber Punkt abgezogen.*

Situation 1:

Harry:	Are you all set? The taxi will be here soon.
You:	(1) **Can/May I weigh my suitcase, please? I hope it's 23 kg or less.**
Harry:	Sure, here you are. Let's see … it's 25 kg. What now?
You:	(2) **(I think) I'll put some of my things in my backpack/rucksack.**

Situation 2:

You:	(1) **May/Can/Could I put my suitcase in the boot?**
Taxi driver:	Of course. Where can I take you?

You:	(2) **To the airport, please. I would like to get out at Entrance B, please.**
Taxi driver:	Yes, no problem.
Taxi driver:	Here we are. That's £18.50, please.
You:	(3) **Thank you. Just keep the change.**
Taxi driver:	Thanks. Have a nice flight!

2. Words and structures

Choose the correct options and fill in the gaps.

Hinweis: *Bei dieser Aufgabe kommt es auch auf die Rechtschreibung an. Du bekommst nur dann einen Punkt, wenn du die korrekte Lösung ausgewählt und das Wort richtig in die Lücke geschrieben hast.*

A profile of Superman

Superman is known as the first superhero in the history of comics. Joe Shuster and Jerry Siegel created him in the USA in the 1930s. At first, Superman was a bold bad person. After a time, he **became** a fighter against evil and for mankind. Superman became more and more popular with readers and so the authors decided to make Superman the **main** figure in the series.

In the story, his father, Jo-El, **sends** him to Earth from the planet Krypton in a small spacecraft. The Kents, a married **couple**, find him and bring him up as their own son. They give him the name Clark and live together in Smallville, Kansas.

As a young man, he discovers his superpowers. For example, he is faster **than** a bullet and more powerful than a locomotive.

Clark also **doesn't** get hurt. He can freeze things and **people**. His best skill is that he can fly. Clark uses **his** superpowers only against criminals and to help humans.

When his father dies, he **moves** to Metropolis. There he works as a reporter **at** the daily newspaper "Daily Planet". Clark pretends to be a shy and clumsy person. He **falls** in love with his colleague Lois Lane. But she only likes the brave and powerful Superman. She does not realize that Clark and Superman are the same person.

http://www.ninthart.com/superman-the-comic.htm (abgerufen am 10. 05. 2020, adaptiert,
https://www.britannica.com/topic/Superman-fictional-character (abgerufen am 10. 05. 2020, adaptiert),
https://www.liveabout.com/profile-of-superman-p2-804272 (abgerufen am 10. 05. 2020, adaptiert)

D Text Production

Hinweis: Beachte, dass du in der Prüfung nur eine der beiden Aufgaben bearbeiten sollst. Lies dir beide aufmerksam durch und überlege, zu welcher dir am meisten einfällt. Vergiss nicht, auf alle Punkte Bezug zu nehmen, die angegeben sind. Halte auch die vorgegebene Wortzahl ungefähr ein. Die folgenden Lösungen sind Beispiele.

A new school club

A cooking club would be great! Whenever I see a cooking show on TV I want to learn how to cook. In a cooking club, both boys and girls could be taught how to prepare fresh, healthy meals for not much money. The teacher should be experienced in cooking and should love teaching it to other people. I think a club like that would be important for pupils because they would learn how to prepare tasty meals themselves and therefore eat less fast food, which would be better for their health.

Write a text about the picture

***Hinweis**: Gehe auf folgende Fragen ein: Wer ist auf dem Foto zu erkennen? Wo befinden sich die Personen und was machen sie? Überlege dir auch, was wohl als Nächstes passieren wird.*

In the picture, there is a park or forest in autumn where a woman and a girl, maybe mother and daughter, are playing football. The girl is trying to kick the ball, but her mother, who is behind her, also wants to get the ball. The girl is stretching out her left arm to keep her balance. Mother and daughter seem to be having a lot of fun. Finally, the girl manages to kick the ball high into the air, and it ends up in a tree. Now, mother and daughter have to find a way to get the ball back down …

Abschlussprüfung an Hauptschulen in Hessen 2022
Englisch

Um dir die Lösungen zur Prüfung 2022 schnellstmöglich zur Verfügung stellen zu können, bringen wir sie in digitaler Form heraus.

Sobald die Original-Prüfungsaufgaben 2022 zur Veröffentlichung freigegeben sind, können die dazugehörigen Lösungen als PDF auf der Plattform **MyStark** heruntergeladen werden (Zugangscode vgl. Umschlaginnenseite).

Prüfung 2022

www.stark-verlag.de/mystark